멸종은 없다

멸종은

THERE IS

NO

EXTINCTION

없다

김백민 지음

ZOZO

"2100년이 되면 지구가 멸망할지도 모른다."

기후 변화 관련 강연장, 뉴스, 소셜미디어에서 우리는 이런 메시지를 끊임없이 접합니다. 수백 년 만에 한 번 있을 법한 극단적 기상 재해가 매년 찾아오는 현실 앞에서, 절박한 위기감을 전달하려는 의도는 충분히 이해합니다. 그러나 20여 년간 기후과학 분야에서 일해 온 저에게 이런 극단적 표현들은 깊은 우려를 불러일으킵니다. 미디어가 보여주는 암울한 미래와 변하지 않는 현실의 괴리감이, 한쪽에서는 과도한 분노를, 다른 한쪽에서는 깊은 무력감을 키우고 있기 때문입니다.

게다가 대중적으로 널리 퍼진 만약 기후위기 멸망론이 지나치게 과장된 이야기라면 어떨까요?

과학이 말하는 진짜 현실: 멸종은 없지만, 도전은 크다

기후위기Climate Crisis는 분명 심각합니다. 산업혁명 이전 대비 약 1.5℃ 상승한 지구에서는 이미 폭염, 홍수, 가뭄 등 극한 기상 현상이 잦아지고 강해졌습니다. 하지만 앞으로 기후위기가 가까운 미래 혹은 먼 미래에 얼마나 더 심해질지 명확히 말하는 것은 현대 기후과학의 수준으로는 여전히 어렵습니다. 인간이 복잡한 지구의 기후 변화를 완전히 이해하기에는 아직 갈 길이 멀기만 합니다. 겨우 이제서야 인간이 현재 수준의 기후위기를 초래하는 데 큰 역할을 했다는 점을 밝혀냈을 뿐입니다.

다만, 한 가지 확실히 말할 수 있는 건 과학자들이 집단 지성을 발휘해 예측한 인류의 미래는 대멸종과는 거리가 멀다는 사실입니다. 물론, 과학의 불확실성으로 인해 극단적인 시나리오를 완전히 배제할 수는 없지만, 이는 가장 비관적인 가정에서나 고려되는 부분입니다.

2021년 저서 『우리는 결국 지구를 위한 답을 찾을 것이다』를 통해 기후 변화 과학의 본질을 대중들에게 전달하며 아직 우리에게 희망이 있음을 제시하고자 노력했습니다. 그러나 4년이 지난 지금도 여전히 '멸망'과 '종말'이라는 단어들이 대한민국의 기후 담론을 지배하고 있고, 2025년 지구촌 곳곳을 강타한 기후위기의 징후들에 점점 더 많은 사람들이 겁에 질리고 있습니다. 그래서 이제는 좀 더 사람들에게 직접적인 메시지를 전달하고자 마음먹었습니다.

현재 기후과학이 실제로 예측하는 미래는 인류 멸망이라는 극단적 시나리오와는 상당한 거리가 있습니다. 기후 변화는 분명 심각한 문제이며 시급히 대응해야 할 과제이지만, 인류가 극복할 수 없는 재앙은 아닙니다. 그리고 이 절체절명의 위기를 극복하기 위해서는 지금까지와는 다른 새로운 전략이 필요합니다.

불편한 진실: 누적 배출량과 적응의 시급성

기후과학자들이 밝혀낸 가장 중요한 사실 중 하나는 온실효과로 인한 지구 온도 상승이 지금까지 누적된 온실기체의 총배출량에 비례한다는 것입니다. 즉, 현재의 배출량뿐만 아니라 산업혁명 이래 우리 인류가 차곡차곡 쌓아온 누적 배출량이 현재의 우리를 힘들게 하고 있다는 뜻입니다. 인류가 배출한 온실기체의 절반 정도는 숲이나 바다에 흡수되고 나머지 절반 정도는 100년 이상 대기 중에 떠돌다가 사라집니다. 그렇다면 지금까지 인류가 배출해서 아직까지 대기 중에 남아있는 온실기체는 얼마나 될까요? 무려 약 5,100조 톤에 달합니다.

충격적인 사실은 위중한 상황에서도, 온실기체의 대부분을 차지하는 탄소의 배출량이 매년 약 500억 톤에 이르고 있다는 것입니다. 여기서 우리가 간과하지 말아야 할 사실은 인류가 연간 탄소 배출량을 줄여나가는 것은 '불에 기름 붓는 것을 줄이거나 멈추는' 행위이지, '이미 타고 있는 불을 당장 끄는' 행위가 아니라는 점입니다. 배출량을 줄여 기후위기를 근본적으로 극복하는 일이 얼마나 어렵고 오랜 시간이 걸리는 일인지 느껴지지 않나요?

따라서 탄소 배출량 감축보다 우리에게 더 시급한 일은, 날로 심각해져만 가는 기후위기 속에서 일단은 살아남는 일입니다. 탄소 감축만으로는 이미 닥친 기후위기가 금방 사라지지 않으니, 수십 년간은 이 정도 기후에서 살 수밖에 없다는 현실을 인지하면서 말입니다. 피해를 덜 보면서 적응하고 살아가는 일이 우선이 되어야 한다는 뜻입니다.

에너지 전환: 감축을 넘어선 국가 비전

탄소 배출을 줄이려는 노력이 기후위기에 즉각적인 효과를 주지 않는다고 해서 무의미하다는 것은 아닙니다. 다만, 탄소 배출을 줄여 기후 변화의 추세를 바꾸는 일은 너무나 비효율적이고 어려운 과제이기 때문에 시간을 두고 근본적으로 중요한 일부터 차근차근 진행해야 합니다.

대한민국이 집중해야 할 근본적인 과제는 에너지 전환입니다. 대한민국의 탄소 배출량 중 약 90%는 에너지 사용 과정에서 발생하며, 그중에서도 산업 부문에서 화석연료를 이용한 에너지 소비가 특히 큽니다. 따라서 에너지 시스템을 화석연료 중심에서 무탄소 전원 중심으로 전환한다면, 별도의 복잡한 감축 정책 없이도 탄소 감축 문제가 자연스럽게 해결될 것입니다.

더 중요한 것은 이러한 에너지 전환이 기후 대응의 차원을 넘어 새로운 시대의 경제적 기회라는 점입니다. 현재 세계는 본격적인 에너지 전환 시대의 초입에 서 있습니다. 태양광과 풍력 발전 비용은 이미 전 세계 많은 국가에서 화석연료보다 저렴해졌습니다. 대한민국은 화석연료에 재생에너지보다 약 10배에 달하는 보조금을 지급하며 인위적으로 그 경쟁력을 유지하고 있지만, 이런 왜곡된 정책 환경이 아니라면 무탄소 전원이 경제성에서도 우위를 점하는 시대입니다.

앞으로 관건은 얼마나 기후위기 대응을 자국 상황에 맞게 '글로컬Glocal'*하게 주도해 나가느냐이며, 이 대응의 핵심은 무리한 탄소 감축이 아닌 자연스러운 에너지 전환, 즉 경제적 효용이 있는 방식으로 국가의 상황을 감안한 전환 인프라 구축에 집중하는 것입니다.

결국 에너지 전환은 기후위기에 대한 수동적 대응이 아니라, 인류 문명사의 대전환점에서 시대에 뒤처지지 않기 위한 적극적 생존 전략입니다. 이런 측면에서 '2050 탄소중립'보다 무탄소 전원을 활용한 '2050 에너지 자립'이 국가에 보다 도움 되는 슬로건이라고 생각합니다. 우리는 에너지 전환을 감축 정책의 부수적 수단으로 취급할 것이 아니라, 그 자체로 독립적이고 최우선적인 국가 과제로 격상시켜야 합니다.

---

*　글로컬Glocal은 세계적Global과 지역적Local의 합성어로, '세계적으로 사고하되 지역적으로 행동하라Think Globally, Act Locally'는 원칙을 의미합니다. 기후 변화와 같은 전 지구적 문제에 대응할 때, 글로벌한 관점과 목표를 공유하면서도 각 지역의 특성과 상황에 맞는 실천 방안을 모색하고 실행하는 접근 방식을 뜻합니다.

희망의 메시지: 멸종은 없다

"호랑이에게 잡혀가도 정신만 차리면 산다"라는 속담처럼 희망의 끈을 놓지 않아야 살아날 수 있습니다. 과장된 종말론적 서사는 역효과를 일으킵니다. 심리학 연구들이 일관되게 보여주듯이, 공포에 기반한 메시지는 사람들을 위축시키고 무력감에 빠뜨립니다. '어차피 지구는 멸망할 텐데 내가 뭘 해봤자 소용없다'라는 체념으로 이어지기 쉽습니다.

저는 사람들이 터무니없는 멸망론에 속지 않고 이겨낼 힘을 길러주고 싶습니다. 이 책에서 과학적 사실에 기반한 기후 변화의 실상을 이야기하고 공포가 아닌 이해를 통해, 절망이 아닌 현실적 낙관을 통해 우리가 나아갈 길을 찾아보겠습니다. 기후위기 극복은 분명 인류에게 닥친 전례 없는 큰 도전입니다. 하지만 인류가 극복할 수 없는 재앙은 아닙니다. 우리에게는 과학이 있고, 기술이 있으며, 무엇보다 행동할 수 있는 능력이 있습니다.

심각한 기후위기 속 대한민국 정부는 적응에 힘을 쏟되, 탄소를 직접적으로 줄이는 데 집중하기보다는 무탄소 전원을 이용한 에너지 자립이라는 보다 원대한 목표를 설정해야 합니다. 대한민국 역사상 처음으로 시도되는 '에너지 독립국가'를 이루기 위한 방안을 창의적으로 모색해야 합니다. '2050 에너지 자립'의 세상을 꿈꿔야 대한민국 기업과 국민에게 새로운 세상을 만들 충분한 유인을 제공할 수 있을 것입니다.

멸종은 없습니다.

지금까지 여러분이 늘 듣던 이야기와는 조금 결이 다른, 새로운 기후위기 이야기를 지금부터 시작해 보겠습니다.

목차

───── **2부** ─────

거대한 전환, 유일한 인류의 희망

1부

'기후 종말론'의
터무니없는 실체를
해부하다

1장

공포의 시계를
멈추고

기후위기로
결국 인류는 멸종할까?

　　직업이 기후학자인지라 요즘 눈만 뜨면 기후위기 뉴스를 찾아보며 걱정 반 분노 반으로 우울하게 하루를 시작할 때가 많습니다. 애써 찾아보지 않아도, 섬뜩한 기후위기 소식은 이미 우리 일상에 넘쳐납니다. 수많은 미디어는 세계 곳곳에서 출몰하고 있는 극단적인 기상현상에 관한 뉴스를 퍼 나르기에 정신이 없습니다. 뉴스와 SNS 속 기후위기 메시지는 종종 너무 단순하고 자극적입니다. 일부는 지나치게 절망적이고, 일부는 근거 없이 낙관론만 제시합니다. 하지만, 기후위기 속 우리가 마주한 현실은 그런 자극적이고 피상적인 메시지들이 묘사하는 것보다 훨씬 복잡하며, 해결하기가 쉽지 않습니다. 여러분과 깊이 있는, 그러나 조금은 새로운 시각에서 바라보는 기후위기 이야기를 나누기에 앞서 이 책 전체를 관통하는 메시지를 담은 질문을 던지겠습니다. 아마도 여러분이 기후위기하면 가장 궁금해할 질문이라 생각합니다.

1. 이대로 가면 인류는 정말 멸종할까?

2. 남은 생에서 이번 여름이 가장 시원한 여름일까?

3. 2050 탄소중립, 정말 달성 가능할까?

4. 개인은 기후위기 극복을 위해 무엇을 해야 하나?

이 네 가지 질문은 책 전반에서 더 깊이 있게 다루게 될 주제이기도 합니다. 이 글은 그 문을 여는 첫 대화이자 작은 예고편입니다.

이대로 가면 인류는 정말 멸종할까?

첫 번째 질문에 대한 답은 단순히 '예' 또는 '아니요'로 할 수 없습니다. 결국 우리의 선택에 달려있기 때문입니다.

그러나 언론과 사회 전반에 퍼진 "1.5℃ 마지노선을 넘으면 끝이다" "2030까지 우리의 선택이 미래 세대의 운명을 결정한다" 와 같은 메시지들은 문제가 있습니다. 이런 표현들은 과학적 사실을 과장하고 지나치게 단순화해 전달합니다. 그 결과 사람들에게 지나친 공포감을 심어주거나, 오히려 변화를 포기하고 기후 문제에 무관심하게 만들 수 있습니다. 더 나아가 이러한 극단적 메시지들은 기후 변화에 대한 공포를 극대화해 사람들을 무력감에 빠뜨릴 위험이 있습니다.

우선, 인류는 파국으로 가는 단 하나의 정해진 길을 걷고 있는 것이 아니라는 것을 알아야 합니다.[*] 미래는 우리가 어떤 선택을 하느냐에 따라 달라집니다. 기후 변화에 관한 정부 간 협의체 IPCC[**]는 인류의 미래를 다섯 가지 가상 시나리오로 나누어 제시하고 있습니다. 이 시나리오들은 각각 기술 발전, 국제 협력, 사회적 가치 등 다양한 사회경제적 조건을 다르게 가정하고 그에 따른 기후 변화 양상을 제시합니다.

그렇다면 우리는 현재 멸종으로 향하는 최악의 시나리오를 따라 걷고 있을까요? 아닙니다. 흔히 최악의 미래로 인용되면서 각종 보고서 등에 가장 널리 사용되고 있는 험난한 길에 해당하는 시나리오가 있습니다. 이 시나리오의 이름은 SSP5-8.5[***]입니다.

---

[*] 1장 '6℃의 멸종은 왜 비현실적인 이야기인가'에 자세히 기술합니다.

[**] 기후 변화에 관한 정부간 협의체IPCC: Intergovernmental Panel on Climate Change는 기후 변화와 관련된 과학적 평가를 수행하는 국제기구입니다. 1988년 세계기상기구WMO와 유엔환경계획UNEP에 의해 설립되었으며, 전 세계 과학자들이 자발적으로 참여하여 기후 변화의 과학적 근거, 영향, 미래 위험, 그리고 온실기체 배출량 감축 및 기후 변화 적응 방안 등에 대한 종합적인 평가 보고서를 발간합니다. 현재까지 6차 보고서가 발간되었습니다. IPCC 보고서는 전 세계 정부와 정책 입안자들이 기후 변화 정책을 수립하고 대응 전략을 마련하는 데 중요한 과학적 기반을 제공하며, 파리기후협약과 같은 국제 기후 협상 등에서 가장 공신력있는 참고 자료로 활용됩니다. 이 보고서들은 수천 편의 과학 논문을 검토하고 종합해 작성됩니다. 이러한 보고서들은 기후 변화에 대한 전 세계적인 이해를 증진시키고, 기후 변화 대응을 위한 국제적 노력에 기여하는 데 매우 중요한 역할을 합니다.

[***] IPCC는 공유 사회경제 경로SSP: Shared Socioeconmic Pathways라는 특별한 시나리오들을 상정했습니다. 각각의 시나리오들에 따른 미래 기후 변화 양상은 1장 '공포의 시계를 멈추고'에서 자세히 다룹니다.

화석연료 사용을 인류가 앞으로 2100년까지 무려 3배 이상 빠른 속도로 늘려 간다는 시나리오인데, 현재 이 시나리오는 전혀 현실성이 없는 시나리오로 전락했습니다. 현재 전 세계 탄소 배출량의 성장세가 지난 10년간 둔화하고 있으며, 따라서 시나리오가 발표된 시점인 2017년 이후 실제 배출량은 SSP5-8.5에서 예상하는 것보다 훨씬 낮은 경로를 따르고 있습니다.

더 큰 희소식이 있습니다. 국제에너지기구IEA*에 따르면 2030년 이전에 화석연료 사용량이 정점을 찍고 감소 추세로 접어들 것입니다. 그 이유도 분명합니다. 세계 각국이 기후 정책을 전혀 쓰지 않는다고 가정하는 SSP5-8.5 시나리오의 미래 예측과는 달리, 현재 거의 모든 국가가 온실기체 감축 목표를 수립하고 다양한 기후 정책들을 실제로 실행에 옮기고 있기 때문입니다. 이 정책들이 충분하다고 볼 순 없지만, 인류가 아무것도 하지 않고 있는 것은 아니라는 사실이 중요합니다. 실제로 우리는 이미 일부 최악의 경로를 피해 나아가고 있으며 앞으로 더 나은 미래를 만들 여지는 충분히 남아있습니다.

'멸종은 없다'라고 단언할 수 있는 이유도 바로 여기에 있습니다. '기후위기 시계'나 '티핑 포인트 임박' 같은 메시지는 엄중한

★　　IEA는 국제에너지기구International Energy Agency의 약자입니다. 주로 에너지 정책, 통계, 연구 등을 수행하며, 에너지 안보, 경제 발전, 환경 보호에 기여하는 것을 목표로 하는 자율적인 정부 간 기구입니다.

기후위기 현실 앞에서 분명 우리가 귀 기울여야 할 경고의 메시지일 수는 있지만, 이것이 우리의 머릿속에 각인된 시한폭탄의 이미지처럼 모든 것을 파괴하는 절대적인 개념은 아닙니다.

남은 생에서 이번 여름이 가장 시원한 여름일까?

우리는 최근 몇 년간 기록적인 더위를 경험하고 있습니다. 2023년 지구 평균 기온은 산업혁명 이전보다 1.44℃ 높았고, 2024년에는 1.55℃까지 일시적으로 상승했습니다. 이 추세로라면 2025년 역시 다시 한번 1.5℃를 넘어설 가능성이 매우 높습니다. 이러한 추세로 볼 때 이번 여름이 남은 생에서 가장 시원한 여름일 가능성이 높다는 주장은 일리가 있어 보입니다.

그러나 세계기상기구WMO는 최근 보고서를 통해 이러한 기온 상승이 온실기체 증가만으로는 설명되지 않는 '추가적인 기온 상승'이 있었다고 밝혔습니다. WMO에 따르면, 2024년 지구 평균 기온 상승분 1.55℃ 중 0.26℃는 이러한 추가 요인에 의한 것이었습니다[1]. 이 추가 상승분이 없었다면 2023년 기온은 파리기후협약의 목표인 1.5℃를 초과하지 않았을 것입니다.

WMO가 분석한 추가 기온 상승 요인들은 주로 다음 다섯 가지[*]로 요약됩니다.

- 엘니뇨
- 선박 배출 에어로졸
- 동아시아 에어로졸
- 통가 화산 폭발
- 태양 활동 변화

이 다섯 가지 요인이 추가 상승분의 89%(0.23℃)를 설명합니다. 이 중 엘니뇨와 태양 활동은 주기적인 현상으로, 일시적인 영향을 미칩니다. 엘니뇨는 이미 지났고, 태양 활동 역시 2025년을 정점으로 약해질 것으로 예상됩니다. 따라서 이러한 일시적 요인들이 사라지면 2026년, 2027년은 2025년보다 덜 더운 여름이 될 가능성이 큽니다.

따라서 '이번 여름이 남은 생에서 가장 시원한 여름'이라는 단정은 다소 성급할 수 있습니다. 하지만 그렇다고 해서 우리가 기후위기의 심각성을 간과해서는 안 됩니다. 온실기체 배출로 인한 장기적인 기온 상승 추세는 분명하게 진행되고 있기 때문입니다. 결론적으로, 2025년이 남은 생에서 가장 시원한 여름은 아닐지 몰라도, 10년쯤 후에는 2025년처럼 뜨거운 여름이 **'가장 평범한 여름'**으로 자리 잡을 것이고, 이러한 극단적인 날씨의 일상화에

---

*   이 다섯 가지 요인들의 함의에 대해서는 2장 '날씨는 흉포해졌지만, 인류는 강해졌다' 에서 다룹니다.

우리는 대비해야 합니다. 그래서 어찌 보면 우리에게 더 시급한 것은 탄소 감축보다 점점 더 흉포해지는 날씨에 적응하며 살아남는 기술인 기후 적응일 수 있습니다.

2050 탄소중립, 정말 달성 가능할까?

세 번째 질문은 인류의 미래가 걸린 중요한 문제 중 하나입니다. 많은 사람이 기후 변화에 대한 절망감, 즉 '기후 패배주의'에 빠져있지만, 현실은 그렇게 비관적이지만은 않습니다. 지난 10년간 우리가 눈치채지 못하는 사이, 조용한 혁신들이 진행되어 왔기 때문입니다.

많은 이들이 지난 10년을 기후 행동의 실패로 기억하지만, 그 이면에는 놀라운 변화들이 있었습니다. 가장 극적인 변화는 석탄 시대의 몰락입니다. 불과 10년 전만 해도 석탄 소비는 계속 늘어날 것으로 예상되었지만 2015년 이후 전 세계적으로 신규 석탄화력발전소 계획의 76%가 취소되었습니다. 44개국 정부는 더 이상 석탄화력발전소를 짓지 않겠다고 선언했습니다[2]. 이러한 변화는 단순한 환경 의지가 아닌 경제 논리의 변화에서 비롯됐습니다. 기술 발전으로 인해 태양광과 풍력 발전 단가가 지난 10년간 폭락했고, 이제는 어떤 화석연료보다 저렴한 전력을 공급하고 있습니다. 실제로 태양광 발전 비용은 10분의 1로, 풍력은 3분의 1로 떨어졌습니다. 배터리 가격 또한 30년간 97% 하락해 재생에너지의 단점을 보완할 에너지저장장치ESS 도입이 쉬워졌습니다.

　놀라운 점은 경제 성장과 탄소 배출이 더 이상 비례하지 않는다는 것입니다. 과거에는 경제 성장이 곧 탄소 배출 증가로 이어졌지만, 이제 일부 국가들은 경제가 성장해도 탄소 배출은 줄어드는 '탈동조화' 현상을 보여주고 있습니다. EU는 2000년 이후 탄소 배출량을 21% 줄이는 동안 경제를 성장시켰고, 영국 역시 35% 감축을 달성했습니다. 심지어 미국조차 26% 경제 성장 동안 배출량을 4% 줄였습니다. 물론 이러한 변화만으로 '2050 탄소중립' 목표가 저절로 달성되는 것은 아닙니다. 여전히 전 세계 온실기체 배출량은 사상 최고치에 머물러 있으며, 기술 혁신 속도보다 배출 감소 속도가 훨씬 느립니다. 그러나 우리가 기억해야 할 것은 변화가 가능하다는 사실입니다. 우리는 절망에 빠지기 보다, 이처럼 변화를 만들어낸 힘을 믿고 행동해야 합니다.

개인은 기후위기 극복을 위해 무엇을 해야 하나?

　이제 여러분이 가장 궁금해할 마지막 질문에 관해 이야기하겠습니다. 과거에는 플라스틱 사용 줄이기, 텀블러 사용, 채식 실천 등 개인의 생활 습관 변화가 기후위기 해결의 핵심처럼 여겨졌습니다. 하지만 이러한 접근 방식은 종종 '그린워싱'이라는 비판에 직면합니다. 개인의 책임만 강조함으로써 정작 막대한 탄소를 배출하는 기업과 국가의 책임을 희석하기 때문입니다.*

2021년 CDP 보고서에 따르면, 전 세계 온실기체 배출량의 70% 이상이 단 100개의 글로벌 기업에서 발생합니다. 따라서 아무리 많은 개인이 분리수거를 철저히 하고 대중교통을 이용해도, 이 거대한 시스템이 변하지 않는다면 기후위기 해결이 어렵다는 사실은 분명합니다.

예를 들어, 석탄화력발전소에서 생산된 전기를 쓰는 플러그 하나를 꽂는 행위 자체만으로 탄소 배출에 기여하게 됩니다. 개인이 아무리 에너지를 절약해도 근본적인 에너지 생산 시스템이 화석연료에서 벗어나지 않는다면 한계가 명확합니다. 마찬가지로 친환경 제품을 구매하고 싶어도 시장에 선택지가 부족하거나 가격이 너무 비싸다면 개인의 선택은 제한될 수밖에 없습니다.

그러나 시스템의 문제라고 해서 개인이 무력하기만 한 것은 아닙니다. 오히려 시스템을 변화시킬 수 있는 가장 강력한 힘은 바로 개인의 연대와 행동에서 나옵니다. 기후위기 문제가 해결되기 어려운 이유는 명확합니다. 기업들은 바뀌어야 한다는 것을 알면서도 기존의 수익 구조를 포기하기 어려워하고, 정부는 유권자들의 표를 얻기 위해 GDP 성장률이나 물가 같은 단기 지표에 매

---

* 8장 '긍정적 티핑 포인트의 마법'에서 거대 기업들이 개인에게 교묘히 책임을 전가하는 방식을 자세히 살펴보겠습니다.

몰되기 때문입니다. 결국 세상이 바뀌려면 소비자가 바뀌어야 하고, 투표권을 가진 시민이 바뀌는 것이 시작점입니다.

지금까지 기후위기와 관련해 여러분이 궁금해할 만한 질문들의 핵심을 짚어보았습니다. 이제 본격적으로 네 가지 핵심 질문들에 대한 답을 하나하나 자세히 살펴보겠습니다.

기후위기 시계와 티핑 포인트의 진실

째깍거리는 기후 시계, 인류를 구하는가, 절망에 빠뜨리는가?

여러분은 거리 한복판 전광판이나 관공서에 설치된 '기후위기 시계'를 본 적 있나요? 혹은 언론에서 '우리에게 남은 시간 고작 5년 3개월' 같은 섬뜩한 문구를 접한 적은요?

마치 시한폭탄의 카운트다운과 같이 시간이 갈수록 숫자가 줄어드는 기후위기 시계는 2020년 9월 뉴욕의 유니언스퀘어 전광판에 처음 설치되었습니다. 이때 카운트다운의 시작은 '7년 3개월' 정도였습니다. 이 글을 쓰고 있는 2025년의 어느 가을밤, 제가 확인한 남은 시간은 고작 '3년 9개월'로 빠르게 숫자가 줄어들고 있습니다.

영국, 프랑스, 싱가포르, 일본, 대한민국 할 것 없이 전 세계 어느 곳에서도 쉽게 찾아볼 수 있는 이 시계. 그런데 이 특별한 기후위기시계가 실제로 무엇을 의미하는지 어떻게 작동하는지 명확

국회의사당 본청 앞 기후위기 시계

출처: 한겨레 신문

히 이해하는 사람은 극히 드뭅니다. 과학자들이 같이 참여해서 만든 시계이니 으레 정확하지 않을까 하는 생각을 하고 있는지도 모르겠습니다. 이 시계의 정확한 의미는 무엇이고, 과연 이 기후위기 시계의 카운트다운이 멎는 날 도대체 어떤 일이 우리에게 일어날까요?

결론부터 말하자면, 노스트라다무스나 종말교에서 예언한 심판의 날에 아무 일도 일어나지 않았던 것처럼 기후위기 시계의 카운트다운이 0시 0분 0초가 된다고 해도 우리들의 일상은 별반 달라지지 않을 것입니다.

시계에 표시된 시간은 (산업혁명 이전과 비교했을 때) 지구 평균 기온이 1.5℃ 상승하기까지 '남은 시간'을 의미합니다. 다시 말해 만약 우리가 이 남은 시간 안에 온실기체 배출량을 획기적으로 줄

1부 '기후 종말론'의 터무니없는 실체를 해부하다

산업혁명 이후 지구 평균 기온 이상 추이(2024년에 이미 1.55℃ 기록)

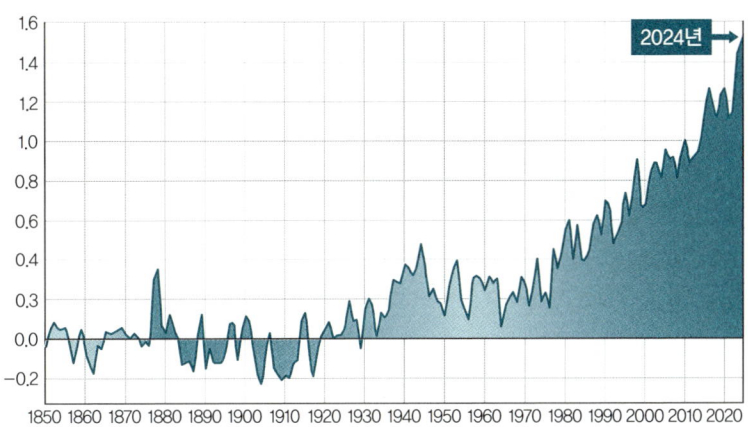

출처: IGCC 자료 재가공

이지 못하면 지구 평균 기온이 1.5℃ 이상 상승하는 것을 막을 수 없다는 강력한 경고입니다. 시계의 남은 시간은 우리가 배출량*을 줄여나갈수록 점점 천천히 줄어들게 설계되어 있습니다. 반대로, 지금보다 배출량을 더 늘리면 카운트다운은 더욱 빠르게 0으로 치닫습니다. 따라서 이 시계의 원래 목적은 우리의 행동(온실기체 배출 정도)에 따라 우리의 미래가 바뀔 수 있다는 확신을 심어주기 위해 고안되었습니다. 이쯤 되면 한 가지 의문이 생길 겁니다. "1.5℃까지 남은 시간이 3년 9개월 남짓 남았다고 했는데, 2024년

★　여기서의 배출량은 전 세계가 1년 동안 배출하는 온실기체의 총량, 즉 연간 배출량을 의미합니다.

에 이미 1.55℃를 넘었다고 하지 않았나?" 그렇습니다. 1.5℃가 되면 카운트다운이 종료되도록 설계된 기후위기 시계에 심각한 오류가 발생한 것입니다. 왜 이런 문제가 생긴 걸까요?

실제 지구 온도가 바뀌는 원리는 매우 복잡한데 시계를 너무 단순하게 설계한 게 문제의 원인이었습니다. 실제 지구의 온도 상승은 온실기체 배출량에 의해서만 결정되는 것이 아닙니다. 탄소 배출에 의한 온실효과는 지구 온도를 결정하는 주된 요인이긴 합니다. 하지만 매해 지구의 온도는 훨씬 복잡한 요인들에 의해 조절됩니다. 해양의 열 흡수, 구름 변화, 엘니뇨 현상, 태양 활동, 기타 다른 인간 활동으로 인한 영향 등이 모두 지구 온도를 결정하는 데 큰 영향을 줍니다. 특히 최근 수년간은 탄소 배출량 이외의 영향이 매우 컸습니다. 그러다 보니 기후위기 시계는 아직 멎지 않았는데 지구 평균 기온이 1.5℃를 넘어서는 해프닝이 발생한 것입니다.

이에 대해 일각에서는 한 해만 보고 판단할 게 아니라 적어도 10년 정도의 추이를 지켜보고 1.5℃를 넘는지 아닌지 판단해야 한다고 이야기합니다. 기후과학자의 시각에서는 일리가 있다고 생각합니다만, 이러한 해프닝의 본질은 복잡한 기후과학을 신중하게 고려하지 않은 채 지구 온도 상승과 온실기체 배출량을 지나치게 단순화해 도식화한 데에 있습니다. 실제 세상에서 지구 평균 기온이 1.5℃를 넘어선 순간 이미 기후위기 시계는 그 의미가 퇴색되었습니다.

1.5℃의 유래: 과학인가, 정치인가?

사실 파리기후협약에서는 1.5℃를 절대적인 임계치로 정하지 않았고 '이를 넘지 않기 위해 노력한다' 정도의 선언이 있었습니다. 그러나 문제는 그 이후 설계된 대부분의 정책이 이 값에 기준을 두면서 사람들이 은연중에 1.5℃를 절대 넘으면 안 되는 선, 즉 기후 임계점으로 인식하게 되었습니다. '2050 탄소중립' '탄소시계'와 같은 개념들은 전부 '1.5℃를 넘기기 전까지 우리가 사용할 수 있는 탄소 예산은 얼마만큼인가'라는 개념에서 출발했습니다.

기후위기 시계를 이해하는 데 있어 또 하나 짚어봐야 할 것은 타이머 설정의 핵심인 1.5°C라는 숫자의 정체입니다. 이 숫자가 마치 과학적 임계치(어떤 변수가 특정한 값에 도달했을 때 특이한 상태나 급격한 변화가 일어나는 경계의 값)이라고 생각하기 쉽지만 그 배경은 좀 더 복잡합니다.

원래 기후 변화 논의의 기준점은 2℃였습니다. 2015년 12월 파리에서 각국 정상들이 모여 인류가 넘지 말아야 할 온도 상승의 최후 저지선을 알려달라고 과학자 집단에 요구했을 때, 과학자들은 2℃를 제안했습니다. 2℃라는 수치는 한순간 튀어나온 수치가 아닙니다. 경제학자였던 노드하우스William Nordhaus가 1977년 처음 제안했고 그 이후 많은 과학자에 의해 사용되었습니다. 그가 2℃를 도입했을 때 그는 데이터나 참고 문헌으로 자신의 주장을 뒷받침하지 못했고 그 역시 이 기준이 그리 만족스럽지는 않다고 인정했습니다. 그러나, 그 후 남극의 빙하 코어에서 얻은 데이터에서 적어도 과거 10만 년 동안 지구 온도가 2℃ 이상 높았던 적이 없었다는 사실이 밝혀지면서 과학계에서는 2℃에 큰 의미를 부여하기 시작했습니다. 과학자들 사이에서 이후 기후 변화의 임계점에 대한 수많은 논의가 있었지만, 2015년 12월 파리기후협약이 체결되기 이전까지는 그 어떤 논의에서도 1.5℃가 임계치로 유의미하게 거론되지는 않았습니다.

파리기후협약에서도 처음에는 인류가 넘지 말아야 할 최후의 기후 임계치로 2℃가 논의되었습니다. 하지만 회의 막판 몰디브와 같은 저지대 섬나라들은 2℃ 상승만으로도 국가 존립이 위태로워진다는 주장이 나왔고, 이들의 절박한 외침이 국제사회를 움직였습니다. 마침내 2015년 파리기후협약에서 "지구 평균 기온 상승을 산업혁명 이전 대비 2℃보다 현저히 낮은 수준으로 유지하고, 1.5℃ 이하로 제한하기 위해 노력한다"는 목표가 채택되었습니다.

즉, 1.5℃는 과학자들이 순수하게 발견한 '지구의 파산 지점'이라기보다, 인류가 감당할 수 있는 피해와 위험 수준에 대해 국제사회가 합의한 '정치적 약속'에 가깝습니다[3].

바로 이 지점에서 정치와 과학 간의 독특한 상호작용이 나타나게 됩니다. 국제사회가 '1.5℃를 넘지 말자'라는 정치적 약속을 하게 되자, IPCC 보고서 집필에 참여했던 과학자들은 이 정치적 목표가 도대체 과학적으로 무엇을 의미하는지 분석해 내야 했습니다. 그 결과물이 바로 2018년 인천 송도에서 승인된 『지구온난화 1.5℃ 특별보고서』입니다. 이는 '선先 정치적 결정, 후後 과학적 정당성 검토'라는 순서로 진행된 셈이며, 일부 비판적인 시각에서는 이 과정을 기후과학이 정치적 필요에 부응한 순간으로 보기도 합니다. 이러한 시각을 대표하는 학자는 영국 케임브리지 대학의 마이크 흄Mike Hulme 교수입니다. 그는 기후 변화 목표와 같은 숫자들이 순수한 과학의 산물이 아니라 사회적, 정치적 가치가 개입된 사회적 구성물Socially Constructed이라고 주장합니다. 그에 따르면 『지구온난화 1.5℃ 특별보고서』는 과학자들이 자발적으로 연구해 "1.5℃가 임계점이다"라고 선언한 것이 아니라, "1.5℃를 넘지 않기 위해 무엇을 해야 하고, 2℃와는 어떤 차이가 있는가?"라는 정치권의 질문에 과학이 답하는 형식을 띤다고 보았습니다[4].

저도 흄 교수의 생각에 동의합니다. 물론, 이 특별보고서는 1.5℃를 넘어서면 산호초가 심각한 타격을 받고, 해수면 상승과 극심한 기상 이변의 빈도가 기하급수적으로 증가한다[*]는 기후과학적 근거들을 제시합니다. 따라서 1.5℃를 지키는 것이 기후 파국을 막는 데 크게 기여하는 것은 당연한 사실입니다. 하지만 이는 '1.49℃는 안전, 1.51℃는 멸망'이라는 식의 이분법적 '스위치'

---

[*] 『지구온난화 1.5℃ 특별보고서』는 지구 평균 기온이 산업혁명 이전에 비해 1.5℃ 이상 상승하면 50년에 한 번꼴로 찾아오는 극한 폭염과 가뭄의 발생 빈도가 각각 8.6배, 2.4배 이상 증가할 것으로 예상했고, 10년 빈도 극한 강수 빈도 역시 1.5배로 증가할 것으로 예상했습니다.

가 아니라, **위험이 점진적으로 증가하는 경고 구간**으로 이해해야 합니다.

기후 임계점의 개념도 그래프를 보면 점점 낭떠러지와 가까워져 위험이 커지고 있는 것을 의미하지, 1.5℃를 넘는다고 해서 다음 날 갑자기 낭떠러지 아래로 추락하지는 않는다는 것입니다.

이처럼 지구 온도 상승 1.5℃를 일종의 '종말 시한'처럼 설정해 카운트다운하는 '기후위기 시계'는 기후위기에 대한 경각심을

기후 임계점의 개념도

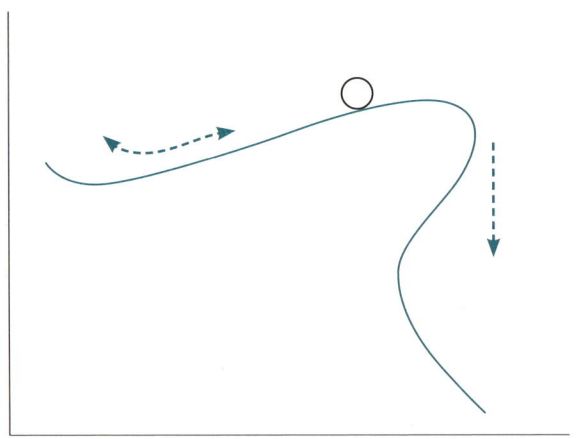

> 기후 시스템은 임계점을 넘기 전에는 작은 변동 후 원래 상태로 돌아올 수 있지만,
> 임계점을 지나면 급격한 변화가 일어나며 회복이 어려워진다.

출처: Jaeger & Jaeger: Three Views of Two Degrees, Regional Environmental Change, 2010.

1부 '기후 종말론'의 터무니없는 실체를 해부하다

주기 위해 만들었지만, 그 안에 담긴 과학도 메시지도 전부 문제 투성이입니다.

티핑 포인트라는 또다른 시한폭탄

지구 온도 1.5℃ 상승이 파국을 의미하지 않는다고 안심할 수 있을까요? 과학자들은 지금처럼 온도가 계속 올라가다가는 결국 '글로벌 티핑 포인트Global Tipping Point'에 도달하게 되고, 낭떠러지에서 추락하듯이 인류가 감당할 수 없는 파국적인 기후 급변을 맞이할 수도 있다고 경고합니다.

하지만 기후 학계에서 주목하는 것은 이 최종적인 파국 그 자체보다는, 그 파국으로 가는 길목에서 하나씩 무너질 수 있는 개별적인 '임계 요소Tipping Elements'입니다. 이는 '글로벌 티핑 포인트'와는 구별되는 개념으로, 각 기후 시스템이 특정 임계점을 넘어서면 다시는 원래 상태로 돌아오지 못하는 비가역적인 변화를 시작한다는 의미입니다. 과학자들이 주목하는 주요 '임계 요소'들은 다음과 같습니다.

- 그린란드 빙상 붕괴: 완전히 녹으면 해수면이 7m 상승
- 남극 서안 빙상 붕괴: 해수면 3~4m 추가 상승
- 아마존 열대우림 사막화: 탄소 흡수원에서 배출원으로 전환

- 북극 해빙 소멸: 알베도 효과 감소로 온난화 가속
- 대서양 심층 순환 붕괴: 유럽 기후 급격한 냉각화

여기서 중요한 것은 시간 척도입니다.

예를 들어, 임계 요소 중 하나인 그린란드 빙상을 볼까요? 현재 추세로 온난화가 계속되면 그린란드 빙상은 '돌이킬 수 없는' 녹는 과정, 즉 자체적인 티핑 포인트를 넘을 수 있습니다. 하지만 이 거대한 얼음덩어리가 완전히 녹아 해수면을 7m 상승시키는 데는 500년에서 1000년이 걸릴 것으로 예상됩니다. 아마존 열대우림도 마찬가지입니다. 기후 변화와 삼림 벌채로 인해 아마존의 일부 지역이 이미 탄소 배출원으로 바뀌었다는 연구 결과가 있습니다. 하지만 전체 아마존이 사막으로 변하는 것은 적어도 수백 년 이상의 세월이 필요한 과정입니다. 즉, 개별 '임계 요소'가 티핑 포인트를 넘는 순간 '글로벌 파국'이 즉시 시작되는 게 아니라, 그때부터 그 특정 요소가 돌이킬 수 없는 위험의 문을 여는 셈입니다. 문제는 일부 언론과 활동가들이 이처럼 복잡한 과학을 단순한 공포 메시지로 바꿔버린다는 점입니다. 그들은 '글로벌 티핑 포인트'와 '임계 요소'의 붕괴를 혼용합니다.

"2030년이 마지막 기회다!" "1.5℃를 넘으면 지구가 끝난다!" 이런 표현들은 티핑 포인트의 실체적, 과학적 의미를 왜곡시킵니다. 실제로는 이렇습니다.

- 1.5℃에서 2℃로 갈수록 위험은 점진적으로 증가한다
- 개별 '임계 요소'가 티핑 포인트를 넘을 확률은 높아지지만, 그것이 곧바로 총체적 파국인 '글로벌 티핑 포인트'를 의미하진 않는다
- 많은 변화는 수십 년에서 수백 년에 걸쳐 일어난다
- 배출 감축이 빠를수록 위험은 현저히 줄어든다

그렇다고 해서 결코 안전하다는 뜻은 아닙니다. 결론적으로 '임계 요소'의 티핑 포인트는 내일 지구가 끝나는 시한폭탄이 아니라, 일단 넘어서면 그 요소의 비가역적 변화가 시작되는 '위험의 문턱' 같은 것입니다. 즉, 1.5℃에서 2℃로 온도가 올라갈수록, 우리는 이 수많은 '임계 요소'의 문턱들에 '점진적으로' 더 가까이 다가서는 것이며, 그 문턱들을 넘을 '확률'이 높아지는 것입니다. 우리에게는 여전히 시간이 있습니다. 하지만 우리가 빠르게 추세를 바꾸지 않으면 이 '임계 요소'들이 하나둘씩 비가역적인 변화를 시작하고, 결국에는 우리가 정말 두려워하는 총체적인 '글로벌 티핑 포인트'와 서서히 마주하게 되리라는 것에는 변함이 없습니다. 다만 그 변화가 영화 속 재난처럼 갑작스레 오는 게 아니라 수십 년, 수백 년에 걸쳐 서서히 진행될 것입니다. 이 차이를 명확하게 이해하고, 우리에게 닥친 문제를 정확하게 인지하는 것은 정말 중요합니다. 그에 따라 앞으로의 대처가 달라지기 때문입니다.

공포에 질려, 겁에 질려 허둥대거나 포기하는 게 아니라 아직 '임계 요소'들의 문턱을 넘지 않도록 선택할 수 있는 시간이 남아

있기 때문에, 그리고 되돌릴 수 있다는 확신이 있기 때문에 우리는 행동할 수 있고, 행동해야 하는 것입니다.

IPCC 과학자들의 진짜 속마음: 비관론과 희망의 공존

기후 변화의 최전선에서 연구하고, 각국 정책의 근거가 되는 IPCC 보고서를 직접 집필하는 과학자들은 우리의 미래를 어떻게 전망하고 있을까요? 2024년 학술지 『커뮤니케이션스 지구와 환경Communications Earth & Environment』에 발표된 한 설문조사는 이 질문에 대한 흥미로운 답을 줍니다[5]. 211명의 IPCC 보고서 저자들이 전망한 미래 기후는, 언론이 전하는 단순한 '파국' 메시지와 달리 보다 복합적인 양상을 띠고 있습니다.

가장 눈에 띄는 대목은 **파리기후협약 목표 달성에 대한 깊은 회의감**입니다. 설문에 참여한 과학자의 **86%가 2100년까지 지구 온도가 2℃ 이상 상승할 것**이라고 답했으며, 이들의 예측 중앙값은 무려 2.7℃에 달했습니다. 이는 현재 각국의 기후 정책이 현재 수준으로 유지될 경우 예상되는 온도 상승치와 거의 일치하는 수치로, 전문가들이 각국의 약속이나 정치적 구호에 휘둘리지 않고 현실적인 정책의 한계를 더 냉정하게 보고 있음을 시사합니다. 즉, 1.5℃는 물론이고 2℃라는 목표조차 달성하기 어려울 것이라는 게 다수 전문가의 솔직한 시선입니다.

하지만 이야기는 여기서 끝나지 않습니다. 놀랍게도 과학자들은 온도 상승에 대한 비관론과 달리, **탄소중립Net Zero 달성 시점에 대해서는 상당한 낙관론**을 갖고 있었습니다. 응답자의 3분의 2(66%)가 2085년 이전에 탄소중립이 가능할 것이라고 답했으며, 중앙값은 **2075년**이었습니다. 이는 IPCC 시나리오상 2℃ 이내로 온난화를 억제할 수 있는 경로와 일치하는 시점입니다.

바로 이 지점에서 흥미로운 모순이 발견됩니다. 과학자들은 **탄소중립이 가능할 것**이라 믿으면서도, 정작 2100년에 지구가 도달할 온도는 **2.7℃에 이를 것**으로 예측한 것입니다. 따라서, 그들은 목표 달성의 어려움을 누구보다 현실적으로 인지하는 비관론자인 동시에, 인류의 기술적, 사회적 변화 가능성을 믿는 낙관론자이기도 합니다. 이들의 복합적인 시각은, 파국까지 남은 시간을 재며 절망하기보다는, 불확실성 속에서 가능한 최선의 경로를 만들어가야 한다는 메시지를 우리에게 던져줍니다.

조급함을 버려야 기후위기 해법이 보인다

기후위기 시계의 가장 큰 문제는 복잡한 현실을 단순한 카운트다운으로 환원시킨다는 점입니다. 시한폭탄처럼 째깍거리며 줄어드는 숫자만 멈추면 모든 게 해결될 것 같은 착각을 심어줍니다. **현실은 전혀 그렇지 않습니다.** 시계가 0이 되어 멈춘다 해도 당신의 일상은 그날 갑자기 무너지지 않습니다. 기후 변화는 타이머가 울리는 순간 터지거나 아니면 중간에 해체해서 멎게 할 수 있는 시한폭탄 같은 게 아닙니다. 이미 진행 중이고 앞으로도 오래오래 계속될 느리고 거대한 변화입니다.

"그럼 아무것도 하지 말자는 거냐?" 반문할 사람이 있을 것입니다. 정반대입니다. 더 제대로 하자는 것입니다. 점점 위험해지는 날씨에 철저히 대비하자는 말이며, 근거 없는 종말론에 휘둘리지 말고, 각국의 현실에 맞춰 충분한 시간을 들여 탄소를 감축하자는 이야기입니다. 에너지의 탈탄소화는 의지만으로 되는 일이 아닙니다. 국가의 에너지 인프라를 뿌리부터 바꾸고, 화석연료에 길든 산업 구조를 근본적으로 재편하고, 화석연료에 큰 이익을 주고 있는 구시대의 법과 제도를 송두리째 개혁해야 하는 일입니다.

탄소를 줄이는 일은 방 청소와는 차원이 다릅니다. 방 청소를 할 때는 조급해도 상관없습니다. 눈에 보이는 물건을 닥치는 대로, 손에 잡히는 대로 치우면 방은 결국 깨끗해집니다. 그러나 탄소중립은 절대 이런 방식으로는 안 됩니다. 시스템 전체를 해체하고 전환하고 재구축하는 작업이어야 합니다. 그래서 조급함보다는 끈기와 냉철함이 필요한 것입니다.

앞서 살펴보았듯이 잘못 전달된 '티핑 포인트'의 개념 역시 사람들을 조급하게 만듭니다. 여러 임계 요소들의 티핑 포인트는 서로 다른 시간대에 작동하고, 일부는 국지적 영향에 머물며, 일부는 전 지구적입니다. 하나의 티핑 포인트를 넘는다고 해서 모든 게 한순간에 무너지는 도미노가 아닙니다. 기후 시스템은 훨씬 복잡합니다. 이런 불확실성을 말한다고 해서 티핑 포인트를 무시하자는 게 아닙니다. 오히려 정반대입니다. 정확히 언제 어떤 일이 벌어질지 모르기 때문에, 우리는 더 전략적이고 지속 가능한 대응이 필요하다는 뜻입니다.

"10년 안에 티핑 포인트를 넘는다"라는 위기감에 휩싸여 무리한 정책을 밀어붙이면 경제적, 사회적 부작용으로 오히려 장기적 대응 동력을 잃을 수 있습니다. 우크라이나-러시아 전쟁으로 에너지 위기가 심화하고 있는 가운데 독일의 성급한 탈원전이 오히려 화석연료 의존도를 높인 사례가 대표적인 예입니다.

더불어 "아직 임계점까지 시간이 있다"라며 여유부리자는 것도 아닙니다. 불확실성이 크다는 것은 위험이 우리 예상보다 빨리 올 수도 있다는 뜻이기도 합니다.

필요한 건 조급함이 아니라 견고함입니다. 각국의 경제 및 사회 구조를 고려한 현실적인 로드맵, 실패해도 회복할 수 있는 유연한 시스템, 그리고 무엇보다 수십 년간 지속할 수 있는 사회적 합의가 필요합니다. 기후위기 대응은 적어도 우리 세대에게는 평생의 과제입니다. 인류 멸종은 없겠지만, 빠른 해결도 불가능합니다.

기후위기 시계나 임박한 티핑 포인트 등은 단기 경각심을 불러일으키는 데 효과적일 수 있습니다. 하지만 장기전에서는 오히려 독이 됩니다. 사람들을 지치게 하고, 약속된 종말이 오지 않으면 냉소만 남깁니다. 화려한 카운트다운에 현혹되지 않아야 합니다.

6°C의 멸종은
왜 비현실적인 이야기인가

기후 변화는 더 이상 과학자들만의 문제가 아닙니다. 폭염과 폭우, 가뭄과 산불, 계절의 경계가 모호해지는 일상의 변화는 이미 우리 곁에 다가와 있습니다. 하지만 정작 많은 사람이 기후 변화의 미래에 대해서는 막연한 불안감만 느낄 뿐, 과학이 어떤 방식으로 미래를 그리고 있는지는 잘 알지 못합니다. 우리는 자주 이렇게 묻습니다.

"앞으로 얼마나 더 더워질까요?" "탄소 배출을 줄이면 정말 기후위기를 막을 수 있나요?" "이대로 가면 지구는 정말 끝장인가요?"

이런 질문에 답하기 위해 과학자들은 하나의 미래를 예측하기보다, **발생 가능한 여러 가지 미래를 상상**합니다. 단 하나의 길이 아니라, 인류가 어떤 선택을 하느냐에 따라 갈라지는 여러 갈래의 경로를 그리는 방식입니다. IPCC에서는 6~7년마다 인류의 미래에 대한 다양한 경로를 업데이트합니다. 2021년에 발간된 가장 최근의 『IPCC 제6차 평가보고서AR6』에서는 기후 변화 시나리오 분석을 위해 공유 사회경제 경로Shared Socioeconomic Pathways, SSP가 활용되었습니다.

미래는 정해진 것이 아닌 선택의 결과

SSP Shared Socioeconomic Pathways는 한마디로 말해, 우리 사회가 어떻게 발전하느냐에 따라 기후 변화의 양상이 달라질 수 있다는 가정에서 출발한 여러 갈래의 시나리오 모음입니다. 기후과학자, 경제학자, 사회학자 등이 협력해 사회경제적 조건들이 판이하게 다른 다섯 가지 시나리오(SSP1~SSP5)를 만들었습니다.

이 시나리오들은 각기 다른 세계관을 가지고 있습니다. 어떤 시나리오는 인류가 지속가능한 발전과 협력을 도모하고, 어떤 시나리오는 민족주의와 고립주의가 팽배한 세상을 가정합니다. 그리고 어떤 시나리오는 화석연료 사용을 극도로 확대해 기술이 급속도로 발전하지만 불평등과 갈등이 심화된 사회를 그리기도 합니다.

중요한 것은, SSP 시나리오가 단순한 상상이 아니라는 점입니다. 실제로 IPCC는 SSP 시나리오를 바탕으로 온실기체 배출량을 예측하고, 지구 평균 기온 상승 수준, 해수면 상승률, 극한 기상현상의 변화 등을 컴퓨터 시뮬레이션합니다. 말하자면, SSP는 과학이 미래를 말할 수 있게 해주는 틀이자 지도인 셈입니다.

그렇다면 인간 사회의 발전 양상을 그린 SSP 시나리오는 어떻게 기후 변화와 연결될까요? 여기에 복사강제력radiative forcing이라는 어려운 개념이 등장합니다. 온실기체의 복사강제력은 대기 중 온실기체로 인해 지구로 들어오는 단위면적당 열에너지의 증가량을 뜻합니다. 단위는 W/m^2입니다. 예를 들어 복사강제력 $2.6W/m^2$는 온실기체로 인해 지구 표면 단위면적당 도달하는 에너지가 2.6W만큼 증가했다는 뜻입니다. 당연히 수치가 높아질수록 지구는 점점 더 뜨거워집니다.

SSP 시나리오 뒤에는 복사강제력을 나타내는 숫자가 표시되는데, 예를 들어 'SSP1-2.6'이라는 표현은 친환경적이고 지속가능한 개발이 이루어짐에 따라 복사강제력이 $2.6W/m^2$에 머무는 미래를 의미합니다. 반대로 'SSP5-8.5'는 화석연료 기반의 고성장 사회로 폭주하며 유지되며 복사강제력이 $8.5W/m^2$까지 치솟는 최악의 시나리오입니다.

다섯 갈래로 갈라지는 미래의 길

미래 기후 시나리오의 종류 표는 각 SSP 시나리오에 따른 미래 지구 온도의 변화를 간결하게 정리한 것입니다.

표에서 가장 이상적인 시나리오인 SSP1-1.9는 2050년에 인류가 탄소중립을 달성해 지구 평균 기온 상승을 1.6℃ 안팎으로 묶어두는 길입니다. 반대로 SSP5-8.5는 화석연료를 거의 제한 없이

미래 기후 시나리오의 종류

미래시나리오 이름	미래 시나리오 해석	2050년경	2100년경
SSP1-1.9	2050 탄소중립 달성	1.6℃	1.4℃(1.0~1.8℃)
SSP1-2.6	2075 탄소중립	1.7℃	1.8℃(1.3~2.4℃)
SSP2-4.5	**현재 수준으로 살아갈 때**	2.0℃	2.7℃(2.1~3.5℃)
SSP3-7.0	배출량 지속적 증가 (2100년에 현재 2배 배출 수준 도달)	2.1℃	3.6℃(2.8~4.6℃)
SSP5-8.5	배출량 엄청나게 증가 (2075년에 현재 3배 배출 수준 도달)	2.4℃	4.4℃(3.3~5.7℃)

괄호 안의 숫자는 온도측정치의 불확실성 범위를 의미한다.
SSP4는 그 자체로는 존재하지만 「IPCC 제6차 평가보고서」 등에서 강조하는
'5가지 핵심 시나리오'에는 포함되지 않았다.

출처: IPCC 제6차 평가보고서

년경에는 4.4℃ 상승이라는, 인류 문명이 감당하기 어려운 상황에 이를 수 있습니다.

그렇다면 현재 우리가 걸어가고 있는 길은 어떤 시나리오와 가장 유사할까요? 많은 국제 연구와 평가를 인용하면[6,7], 인류가 현재 수준의 정책과 행동을 그대로 이어간다면, 우리는 SSP2-4.5가 그리는 경로를 계속 따라갈 것으로 예상됩니다. 표의 '현재 수준으로 살아갈 때'라는 문장은 극단적인 배출 확대도, 놀라운 감축 노력도 아닌, 그냥 현재 수준의 노력을 유지할 때를 말합니다. 이 경우

2100년경 지구는 산업혁명 이전과 비교해서 평균 2.7℃나 더 더워질 것입니다.

2.7℃는 단순한 숫자가 아닙니다. 지구 평균 기온이 그렇다는 말은, 내륙 지역과 고위도 지역은 훨씬 더 극단적으로 뜨거워질 수 있다는 뜻이며, 폭염과 폭우, 가뭄 같은 극한 기상이 지금보다 훨씬 더 빈번하고 강렬하게 발생할 수 있음을 의미합니다. 그럼에도 SSP2-4.5는 현실에서 가장 가능성이 높은 시나리오로 자주 언급됩니다. 왜냐하면 각국의 현재 정책들이 아직 파리기후협약의 1.5℃ 목표와는 큰 거리가 있긴 하지만, 그렇다고 제한 없는 배출 증가SSP5-8.5로 치닫는 정도는 아니기 때문입니다.

따라서 SSP 시나리오는 '예언'이 아니라 우리의 의지와 노력에 따라 언제든 바뀔 수 있는 '갈림길의 이정표' 같은 것입니다. 우리가 지금보다 더 과감히 감축 노력을 기울이면 SSP2-4.5에서 SSP1-2.6이나 SSP1-1.9 쪽으로 이동할 수 있습니다. 반대로, 화석 연료 사용을 더 늘린다면 SSP3-7.0이나 SSP5-8.5로 치달을 수도 있습니다.

SSP5-8.5는 정말 가능한 미래인가?

아이러니하게도 현재 시점에서 가장 실현 가능성이 낮은 시나리오임에도 불구하고, 기후 변화 시나리오 중에서 가장 자주 인용되는 것은 단연코 SSP5-8.5입니다. 기후위기의 위험성을 널리 알리기 위해서는 인류가 화석연료 사용을 계속 급격하게 늘려나가는 미래의 참담한 결과를 강조하는 것이 효과적이기 때문입니다. 그래서 이 시나리오가 보고서나 논문, 미디어 등에 가장 많이 등장합니다. 아마도 여러분이 유튜브나 뉴스에서 접하는 암울한 미래 전망의 상당수는 바로 이 SSP5-8.5 시나리오에 기반하고 있을 것입니다.

문제는 SSP5-8.5는 모든 시나리오 중에서 가장 현실성이 떨어지는, 즉 실현될 가능성이 가장 없는 시나리오라는 점입니다[8]. 더 큰 문제는 이 현실성 없는 시나리오를 우리가 현재처럼 살아갈 때 마주하게 될 시나리오라고 해석하는 것입니다. 뒤에서 이야기하겠지만, 이 시나리오는 현재처럼 살아갈 때를 의미하지 않습니다. 기후학자로 유명한 지크 하우스파더Zeke Hausfather는 2020년 권위 있는 학술지 『네이처Nature』에 게재한 논평에서 '가장 최악의 지구 온난화 시나리오SSP5-8.5를 가장 가능성이 높은 결과인 양 이야기하는 것을 당장 중단하라'라고 주장했습니다[9].

마크 라이너스Mark Lynas가 쓴 『최종 경고: 6도의 멸종』에 나오는 시나리오가 바로 이 시나리오입니다. 이 책은 2007년에 출간된 책으로 이 때는 약간 다른 시나리오RCP-8.5가 사용되었지만 사실 SSP5-8.5보다 약간 더 고배출 시나리오이기 때문에 이 책에서 SSP5-8.5 시나리오를 사용했다고 봐도 무방합니다.

마크 라이너스Mark Lynas는 이대로 살아가다가는 2100년까지 지구 온도가 현재보다 5~6℃ 상승할 것이며, 이에 따라 인류는 멸종하고 말 것이라고 이야기합니다. 만약 정말 지구 온도가 6℃ 상승한다면? 저는 인류 멸종 가능성에 동의합니다. 지금으로부터 약 4000만 년 전, 지구가 지금보다 6℃ 정도 더 뜨거웠을 때 평균 두께가 약 3,000m인 남극 대륙의 빙하가 전부 녹아내렸습니다. 그 결과 해수면은 지금보다 50m 이상 상승했습니다. 이런 일이 앞으로 일어나면 대한민국에서 살아남을 수 있는 도시는 태백시와 제주도 산간지대뿐일 겁니다. 전 세계 주요 대도시들은 대부분 물에 잠길 것이고요. 그러나 최근 연구들에 따르면 현재 추이로 볼 때 6℃의 멸종으로 가는 시나리오SSP-8.5는 현재로서 현실성이 없다고 합니다. 저명한 사회학자이자 기후학자인 피에르케Roger Pielke Jr.는 이 시나리오를 따라갈 가능성은 혜성이 지구에 충돌하는 확률보다 훨씬 낮아졌다고 주장했습니다[10].

SSP5-8.5 시나리오 이야기로 돌아가 보겠습니다. 이 시나리오는 지금 우리가 사는 세상이 급속한 경제 성장을 이어가면서도, 그 동력을 거의 전적으로 화석연료에 의존하는 미래를 가정합니다. 즉, 국제사회가 파리기후협약 같은 기후 정책을 전혀 시행하지 않고 석탄, 석유, 천연가스 사용을 오히려 더욱 확대하면서 전 지구적으로 탄소 배출이 끝없이 증가하는 세상을 그린 것입니다. 이 시나리오는 2100년까지 지구 대기 중에 증가한 열에너지가 8.5W/m^2에 이르게 된다는 점에서 '복사강제력 8.5 시나리오'라고도 불립니다.

1부 '기후 종말론'의 터무니없는 실체를 해부하다

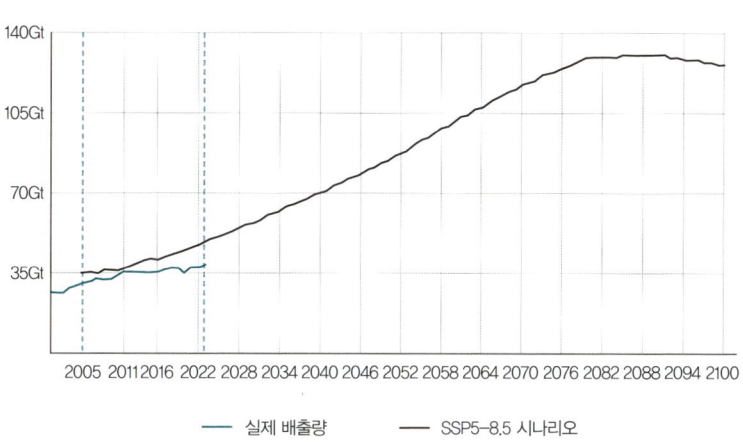

실제 탄소 배출량 vs 미래 시나리오

140Gt

105Gt

70Gt

35Gt

2005 2011 2016 2022 2028 2034 2040 2046 2052 2058 2064 2070 2076 2082 2088 2094 2100

── 실제 배출량   ── SSP5-8.5 시나리오

출처: Our World in Data

IPCC 보고서에서 극한 기상현상, 해수면 상승, 생태계 붕괴 등 최악의 기후 리스크를 평가할 때 기준 시나리오로 자주 사용되었기 때문에, 많은 이들이 SSP5-8.5를 현실적인 미래로 오해하기도 합니다. 그러나 실제 우리가 배출하고 있는 탄소의 경로는 이미 SSP5-8.5보다 훨씬 낮습니다.

실제 탄소 배출량 vs 미래 시나리오 그래프를 보면, SSP5-8.5는 21세기 중반까지 온실기체가 가파르게 증가한다고 가정합니다. 그러나 지난 10년간 전 세계 탄소 배출량은 정체에 가까운 흐름을 보이고 있으며 IEA, 글로벌탄소프로젝트GCP, Global Carbon Project 등의 자료를 보면 현실 세계의 배출 궤적은 SSP2-4.5 또는 SSP4-6.0 경로에 더 가깝다고 평가되고 있습니다. 석탄 소비는 일부 신흥국에서 여전히 강세를 보이고 있지만, 선진국에서는 전기차 보급, 재생에너지 확산, 에너지 효율 향상 등으로 에너지 시스템의 구조적 변화가 본격화되며 급격히 줄어들고 있습니다.

기후 정책은 분명 존재합니다

SSP5-8.5의 가장 큰 전제는 **"각국이 아무런 기후 정책을 펼치지 않는다"**라는 가정입니다. 하지만 현실은 다릅니다. 2015년 파리 기후협약 이후 거의 모든 국가가 온실기체 감축 목표NDC를 세웠고, 재생에너지 비중 확대, 석탄화력발전소 폐쇄, 탄소세 도입 등 다양한 수준의 기후 정책을 실행 중입니다.

물론 이 정책들이 충분하다고 보긴 어렵지만, 아무것도 하지 않는 SSP5-8.5와는 전혀 다른 경로라는 점은 분명합니다. 즉, SSP5-8.5는 현실 세계의 정책적 맥락과는 동떨어진 실현될 가능성이 없는 시나리오일 뿐입니다. 그렇다면 왜 과학자들과 저널리스트들은 이처럼 비현실적인 시나리오를 여전히 가장 많이 활용할까요?

그 이유는 분명합니다. **기후 리스크의 상한선**worst case, 즉 우리가 '피해야 할 경로'에 대한 기준선이 필요했기 때문입니다. 예를 들어, 폭염으로 인한 조기 사망자 수, 해수면 상승에 따른 해안 도시 피해, 식량 생산 감소, 생태계 교란, 경제적 손실 등은 **"만약 아무것도 하지 않는다면, 얼마나 심각해질 수 있을까?"**를 평가할 때 중요합니다. 이럴 때 SSP5-8.5는 일종의 시뮬레이션 극단값, 즉 기후 리스크의 스트레스 테스트용으로 사용되어 왔습니다. 다만 이제는 SSP5-8.5가 기후 리스크의 상한선 역할조차 수행하기 어렵다는 문제가 있습니다. 이미 우리는 많은 것을 하고 있기 때문입니다. 따라서 기후 리스크의 상한선을 더 엄격하게 설정할 필요가 있습니다.

물론 그렇다고 낙관할 수는 없습니다. 지금의 경로가 2℃ 이하로 억제되는 SSP1-2.6 시나리오에 가까운 것도 아니기 때문입니다. 우리가 향하는 미래는 SSP2-4.5처럼 '중간 수준의 전환'일 수 있고, 기후 리스크를 완전히 회피하지 못하는 불완전한 대응의 시대일 수도 있습니다.

그럼에도 SSP5-8.5가 현실성이 없어졌다는 점은 분명 인류에게 희소식입니다. 제가 **'멸종은 없다'**라고 말할 수 있는 이유도 바로 여기에 있습니다.

우리는 이미
최악의 경로를 피하고 있다

희망을 만들어 낸 지난 10년의 변화

기후위기는 인류의 생존과 직결된 실존적 위협으로 여겨지며, 때로는 문명의 붕괴나 인류의 멸종이라는 극단적인 시나리오까지 거론됩니다. 불과 10여 년 전만 해도 많은 과학자들은 대책 부족으로 지구 온난화가 산업혁명 이전 대비 4℃ 이상 진행될 것으로 예측했고, 이는 제6차 대멸종이 임박했다는 경고가 나올 만큼 심각한 재앙으로 받아들여졌습니다.

하지만 다행스럽게도 저를 포함한 많은 기후과학자들은 이러한 묵시록적 미래의 가능성이 과거에 비해 현저히 낮아졌다고 보고 있습니다. 근거는 무엇일까요? 앞서 살펴보았듯, 최근 10여 년을 놓고 보았을 때, 인류의 탄소 배출량은 SSP5-8.5가 가정한 수준보다 현저히 낮은 수준으로 진행되고 있다는 것입니다.

1부 '기후 종말론'의 터무니없는 실체를 해부하다

탄소 배출 정점, 드디어 보이기 시작하다

현재 인류의 탄소 배출량은 SSP2-4.5 시나리오에서 가정한 배출량과 상당히 유사한 궤적을 보이고 있습니다. 또한 이는 곧 탄소 배출의 정점이 나타날 것이라는 예상을 가능하게 합니다. 실제로 IEA는 2030년 이전에 전 세계 탄소 배출량이 정점에 도달할 것으로 예측합니다.

탄소중립을 위해 우리에게 가장 먼저 필요한 것이 바로 이 탄소 배출 정점입니다. 배출량이 정점에 도달해야만 비로소 순 배출량이 0이 되는 중립을 향한 여정이 시작될 수 있기 때문입니다. 인류의 멸종을 이야기하는 시나리오에서는 탄소 배출 정점을 가정하지 않습니다. 지속적인 개발과 과다한 화석연료 사용을 가정할 뿐입니다. 세계 각국에서 시행하고 있는 감축 목표가 비록 탄소중립을 위해서는 아직 턱없이 부족하지만 이런 측면에서 인류가 일단 한고비는 넘기고 있다고 보입니다.

물론 기후위기의 심각성은 여전합니다. 산업혁명 이전 대비 약 1.5℃ 가까이 상승한 지구에서는 이미 폭염, 홍수, 가뭄 등 극한 기상 현상이 잦아지고 강해졌습니다. 온난화가 2℃를 넘어서면 더 많은 생태계가 붕괴 위협에 처하고, 3℃를 넘어서면 전 세계, 특히 개발도상국 상당 지역에서 대규모 식량 위기와 이주 사태가 빚어질 거란 전망입니다. 이는 결코 안심할 수 없는 비극적 미래이지만 인류 문명의 종말은 아닙니다. 기후위기는 인류를 시험하고 있지만, 그로 인해 인류가 멸망할 운명은 아니라는 점이 분명해지고 있습니다.

희망을 만든 지난 10년의 변화

많은 사람이 지난 10년을 기후 행동의 실패로 기억합니다. 국제사회는 강력한 온실기체 감축 정책을 마련하지 못했고, 화석연료 산업의 로비는 계속되었으며, 매년 배출량은 사상 최대치를 경신했습니다. 그러나 이것이 전부는 아닙니다. 눈에 띄지 않게 진행된 긍정적 변화들은 분명히 존재합니다.

지난 10년간 세상은 크게 바뀌고 있습니다. 가장 극적인 변화는 석탄의 몰락입니다. 2000년대 초반(2000년~2009년)에 중국, 인도 등 신흥국들은 경제 성장에 값싼 석탄을 대거 사용했고, 선진국들도 화석연료 의존을 크게 줄이지 않았습니다. 많은 전문가는 이러한 추세가 이어져 석탄 소비가 계속 증가할 것으로 내다봤습니다. 하지만 실제 지난 10년 사이 석탄 발전 산업은 급격히 기울기 시작했습니다.

국제사회에서 "석탄을 역사 속으로 퇴장시킨다"라는 구호가 현실이 되어가고 있는 것입니다. 석탄의 퇴장은 단순한 환경 의지만이 아니라 경제 논리의 변화에 따른 것이었습니다. 불과 10년 전만 해도 재생에너지는 비싸고 비현실적인 대안처럼 여겨졌지만,

기술 발전으로 상황이 완전히 바뀌었습니다. 태양광과 풍력 발전 단가는 지난 10년간 폭락해 이제는 석탄이나 그 어떤 화석연료로 생산하는 전기보다 더 저렴한 전력을 공급하고 있습니다. 실제로 태양광 발전 비용은 10분의 1 수준이 되었고, 풍력도 3분의 1로 떨어졌습니다. 전력 저장 문제도 빠르게 개선되고 있습니다. 배터리 가격이 지난 30년간 97%나 하락해 재생에너지의 간헐성을 보완할 에너지저장장치ESS 도입이 갈수록 쉬워지고 있습니다.

기술 혁신은 전력 부문을 넘어 경제 전반으로 확산하고 있습니다. 세계적으로 2023년 한 해에만 재생에너지 발전 설비가 50% 가까이 증가하며 사상 최고의 성장률을 기록했고, 특히 태양광이 이러한 성장을 주도했습니다. 노르웨이에서는 2023년 신규 판매 차량의 90% 이상이 전기차(플러그인 하이브리드 포함)일 정도로 변화가 가시화되었습니다. 전 세계적으로도 2015년 신차 중 1% 남짓에 불과하던 전기차 비율은 2023년에는 약 18%에 달했으며, 2024년에는 신차 5대 중 1대가 전기차였습니다[11].

철강, 시멘트처럼 '더럽게' 여겨지던 산업에서도 저탄소 기술 혁신이 한창이며, 인공 고기, 이산화탄소 포집ccs처럼 완전히 새로운 해결책들도 등장했습니다. 가령 직접공기포집DAC 기술은 2000년에는 개념에 불과했지만 2020년대 들어 현재 상용 플랜트가 가동되어 톤당 약 600달러로 이산화탄소를 대기에서 제거할 수 있게 되었고, 투자 확대로 비용은 더욱 낮아질 전망입니다[12]. 이처럼 수많은 과학자와 엔지니어, 기업인들이 인류의 창의력을 동원해 탈탄소 혁신 경쟁을 벌인 결과, 곳곳에서 긍정적 지표들이 나타나고 있습니다.

그중에서도 가장 희망적인 신호는 **배출량과 경제 성장의 디커플링(탈동조화)**이 일어나고 있다는 것입니다. 사실 이 디커플링이야말로 우리가 기후위기 문제를 해결하는 핵심 열쇠입니다. 과거에는 경제 성장이 곧 탄소 배출 증가로 이어졌지만, 최근 일부 국가들은 경제가 성장해도 탄소 배출은 줄어드는 사례를 보여주고 있습니다. 특히 유럽의 여러 국가들은 이미 탄소 배출량을 GDP 성장과 분리했습니다. 영국, 프랑스, 독일, 네덜란드, 스웨덴, 핀란드, 덴마크, 이탈리아, 체코, 루마니아는 이러한 현상이 관찰되는 대표적인 국가입니다. 영국의 경우, 1990년 대비 무려 54%라는 경이적인 온실기체 배출량 감축(2024년 기준)을 달성했습니다. 유럽을 제외하면 미국은 경제 성장과 탄소 배출량 증가가 수년 연속으로 크게 분리된 가장 큰 국가입니다[13]. 물론 선진국이 제조업을 해외로 이전한 효과도 일부 있지만, 수입품까지 고려해도 이러한 추세는 긍정적인 탈탄소화의 신호임이 확인됩니다.

이제 부국과 개발도상국 모두 '성장 vs 기후'라는 제로섬 딜레마에 갇힐 필요 없이, 친환경 기술로 경제 발전과 기후 보호를 함께 도모할 수 있는 길이 열리고 있습니다. 부유한 나라들이 비싼 대가를 치르며 개발한 녹색기술을 가난한 나라들은 값싸게 도입함으로써, 과거 선진국이 겪었던 고탄소 산업화 단계를 건너뛰는 것도 가능해졌습니다. 이제 탄소를 줄이지 않는 것이 오히려 손해라는 말까지 나올 정도로, 경제 논리가 기후위기 대응의 경제적 편익이 점점 커지고 있고, 반대로 화석연료에만 의존한 경제 성장 모델은 쇠퇴하고 있습니다.

최악은 피하고, 현실을 직시하다

인류가 '2050 탄소중립'을 달성하기 위해서는 세계 각국이 지금보다 더 극단적인 탄소 감축을 단행해야 합니다. 분명히 파리 기후협약은 지금까지의 기후 조약보다 훨씬 많은 것을 바꿔내고 있고, 미국을 제외한 대부분의 국가에서 과감한 목표치 설정을 하고 이를 달성하기 위해 노력하고 있지만, 아직 부족합니다.

2015년 이후 실제 탄소 배출량과 지금까지 거의 일치한 궤적을 보이고, 인류가 현재 수준의 감축 노력을 유지한다고 가정하는 SSP2-4.5 시나리오의 2100년 지구 온도 상승폭이 2.7℃입니다. 2.7℃는 결코 작은 수치가 아닙니다.

2.7℃는 비록 과거 기후위기 멸망론에서 언급하던 5℃, 6℃보다 현저히 낮은 온도이긴 하나, 여러 티핑 포인트 연구들에서 주장하는 기후의 임계점을 넘어선 온도이기에 인류에게는 충분히 암울한 미래를 의미합니다. 따라서, 우리는 좀 더 노력해서 탄소 배출량을 줄여나가야 합니다. 그 누구도 함부로 반박 못 하던 6℃의 멸종을 우리는 불과 10여 년 만에 현실성 없는 미래로 바꿔 놓

있습니다. 앞으로의 10년은 암울한 2.7℃의 미래를 좀 더 밝고 희
망이 있는 2℃의 미래로 바꾸는 시간이 되어야 합니다.

희망은 행동의 원동력

물론 희망이 있는 2℃로 나아가기에 아직 많은 난관들이 존
재합니다. 기술 혁신 속도보다 배출 감소 속도가 훨씬 느린 것이
현실이고, 여전히 전 세계 온실기체 배출량은 사상 최고치 부근에
머물고 있습니다. 우리는 더 적게 소비하고 오래 사용하는 삶의
방식 변화, 친환경 인프라 확충, 에너지 효율 향상, 지속 가능한 농
업과 도시 계획 등 구조적인 전환을 신속히 이뤄내야 합니다.

그러나 과거 10년이 그러했듯 우리가 직면한 기후위기는 그
심각성에도 불구하고 우리가 대응하기 나름으로 충분히 해결하거
나 완화할 수 있는 문제입니다. 지금까지는 부족했지만, 이미 산업
과 사회 곳곳에서 더 나은 미래를 위한 움직임이 시작되었습니다.
전 세계 대다수 국가가 이제 기후 변화의 현실을 인정할 뿐 아니
라 2050년 전후의 넷제로net-zero 목표를 선언하고 있으며(민주국
가는 물론 독재국가들까지 포함*), 기후 정책은 주요 선거에서 빠질 수
없는 의제가 되었습니다. 특히 젊은 세대가 정치, 경제 지도층으로
부상하면서 기후위기 대응에 우선순위를 두고 혁신적인 정책을
시도하는 사례도 늘고 있습니다. 중요한 것은 앞으로입니다. 이미

1부 '기후 종말론'의 터무니없는 실체를 해부하다

발표된 각국의 기후 공약과 넷제로 약속이 제대로 이행되도록 지속적인 감시와 압박이 필요합니다.

이 지점에서 희망의 중요성을 이야기하지 않을 수 없습니다. 최근 기후 담론에서는 "이미 늦었다"라는 체념이 만연합니다. 이른바 기후 패배주의Climate doomerism는 기후위기가 불가피한 운명인 양 포기하는 태도를 가리키는데, 이는 사실상 변화를 포기하는 것과 같습니다. 절망과 무관심은 우리를 행동 불능에 빠뜨리고, 그 결과 기득권 세력(특히 화석연료 산업)에 힘을 실어줄 뿐입니다. 아이러니하게도 기후 변화 부정론자들이 마지막으로 의지하는 무기가 바로 이 절망감일지 모릅니다. 우리는 이러한 절망의 함정에 빠지지 말아야 합니다. 앞서 살펴본 대로 인류는 지난 10년간 의미 있는 진보를 이루어냈고, 최악의 시나리오는 실현되지 않을 것이 분명합니다. 인류에게 시간이 얼마 남지 않은 건 사실이지만 아직 늦지 않았습니다.

중요한 것은 우리의 의지와 행동입니다. 저 또한 한때 기후위기의 위중함에 적지않은 좌절감을 느꼈지만, 이 책에 담아낸 변화의 증거들을 수집하면서 점점 희망을 가져도 된다는 확신을 하게

---

* 트럼프 미국 대통령과 시진핑 중국 국가주석이 기후위기 대응에 상반된 행보를 보이고 있습니다. 첫 재임 시절 파리기후협약을 탈퇴한 바 있는 트럼프가 2025년 9월 24일 유엔에서 '기후위기는 세계 최대 사기극'이라며 열변을 토한 바로 다음 날 시진핑은 최초로 중국의 국가 탄소 감축 목표를 명확히 제시하며 중국이 기후위기 해결사 역할을 할 것임을 천명했습니다.

되었습니다. 기후위기를 극복할 수 있다는 믿음은 근거 없는 낙관이 아니라, 실제 과학과 현실의 변화에 기반한 결론입니다. 절망 대신 희망을 선택하고 행동함으로써, 우리는 기후위기를 넘어 더 나은 미래를 만들어갈 수 있습니다.

2장

날씨는 흉포해졌지만, 인류는 강해졌다

극한 기상,
정말 '전례 없는' 현상일까?

　요즘 우리는 극단적인 날씨를 마주할 때마다 너무나 쉽게 기후 변화 탓으로 돌리곤 합니다. 언론은 물론이고 국제기구 수장까지 나서서 모든 재난의 원인을 온실기체로 돌리는 모습을 흔히 봅니다. 이처럼 모든 극단적 날씨를 기후 변화 탓으로 돌리는 것은 과학적으로 정확하지 않을뿐더러, 장기적으로 기후과학에 대한 신뢰를 해칠 수 있습니다.

　극단적인 날씨가 정말 기후 변화만의 산물일까요? 그렇지 않습니다. 날씨는 우리가 공장에 굴뚝을 세우고 자동차를 타고 다니기 수백 년 전에도, 상상할 수 없을 만큼 흉포했습니다.

17세기 조선의 극심한 기후 변동

지금으로부터 약 350년 전, 17세기 조선은 인류 역사상 유례를 찾기 힘든 거대한 재앙에 휩싸여 있었습니다. 1670년(경신년)과 1671년(신해년)에 걸쳐 발생한 '경신대기근'은 단순한 흉년이 아니었습니다. 『조선왕조실록』은 당시의 참상을 마치 영화의 한 장면처럼 생생하게 묘사합니다.

"함경 남북도에 여러 달 큰비가 내려 곳곳에 전답이 모래가 뒤덮였고 … 갑산甲山, 삼수三水 등의 고을에 7월 16일 서리가 눈같이 내렸으며, 나머지의 각 고을에도 모두 서리가 일찍 내렸다. 함흥부咸興府에 큰 우박이 내렸는데 계란만 하기도 하고 새알만 하기도 했으며 각종 곡식이 쓰러지고 부러졌다. … 북청부北靑府에 바람과 우레가 크게 일어나고, 비와 우박이 번갈아 내렸는데 큰 것은 밥그릇만 하고 작은 것은 주먹만 해 높고 낮은 지대의 전답이 일시에 텅 비게 되었으며, 사람이 많이 상했는데 12살 된 아이가 이 때문에 죽었으며, 새와 짐승 및 냇가의 물고기까지도 많이 죽었다. 7월 30일에 갑산甲山, 단천端川 등지에 눈이 내렸다. 남북의 각 고을이 모두 가뭄, 수해, 바람, 우박의 재난을 당해 각종 곡식이 거둘 것이 없게 되었는데, 상수리 열매까지도 익지 않았다. 농민들이 진을 치고 모여서 통곡하는 소리가 들판을 진동시켰다. 방수에 나갈 군인들이 일제히 감영에 호소했는데, 감사가 이를 보고하면서 방수의 정지를 청했으므로 상이 허락한 것이다[14]."

이 끔찍한 사건은 오늘날 우리에게 중요한 질문을 던집니다. 인간이 화석연료를 태워 막대한 온실기체를 배출하기 훨씬 이전에, 무엇이 이토록 극단적인 기후를 만들어냈을까요?

소빙하기의 습격

당시의 비극은 한반도에 국한된 일이 아니었습니다. 당시 전 세계, 특히 북반구는 '소빙하기Little Ice Age'라 불리는 길고 추운 터널을 지나고 있었습니다. 14세기부터 19세기까지 약 600년 동안, 유럽의 알프스 빙하는 계곡 아래의 마을과 교회를 집어삼킬 정도로 확장했고, 런던의 템스강은 겨울마다 꽁꽁 얼어붙어 강 위에서 축제가 열릴 정도였습니다[15].

이 모든 재앙의 원인으로 오랫동안 지목된 것은 바로 태양이었습니다. 태양 흑점 활동이 극도로 저조했던 시기(1645년~1715년)를 '마운더 극소기'라고 하는데, 소빙하기 기간 중 17세기 혹한에 영향을 준 요인으로 거론되었습니다. 경신대기근도 이 시기에 발생했었죠[16]. 태양이 힘을 잃으니 지구가 추워졌다는 설명은 직관적이고 설득력 있었습니다.

하지만 과학이 발전하면서 우리는 소빙하기가 단순히 태양의 변덕 때문이 아니라는 사실을 알게 되었습니다. 소빙하기는 거대한 화산 폭발, 그리고 지구 시스템 내부의 복잡한 연쇄 반응이 빚어낸 합작품이었습니다[17]. 강력한 화산 폭발이 내뿜은 화산재가 햇빛을 가려 지구를 냉각시키고, 이에 따라 넓어진 북극의 얼음이 바다의 열 순환 시스템을 교란시키면서 한랭한 기후가 수 세기 동안 지속된 것입니다.

기후를 조절하는 자연계의 조절자들

이처럼 지구의 기후를 좌우하는 요인은 온실기체 하나만이 아닙니다. 자연계에는 인간의 영향과는 별개로 작동하는 강력한 힘들이 여전히 존재합니다.

가장 대표적인 것이 바로 엘니뇨*와 라니냐입니다. 이는 태평양의 수온이 주기적으로 변하며 지구의 날씨를 뒤흔드는 자연적인 기후 현상입니다. 엘니뇨가 오면 지구는 평소보다 더워지고, 라니냐가 오면 서늘해집니다. 2023년이 유독 더웠던 이유도 온실기체 증가라는 큰 흐름 위에 강력한 엘니뇨가 겹쳤기 때문입니다.

최근에는 인간이 만들어 낸 또 다른 변수가 주목받고 있습니다. 바로 에어로졸 감소입니다. 에어로졸은 대기 중에 떠다니는 미

---

* 엘니뇨El Niño는 동태평양 및 중앙태평양 해역의 해수면 온도가 평년보다 높아지는 현상입니다. 이 현상은 지구 대기 순환의 흐름을 바꿔 전 세계적으로 폭염, 홍수, 가뭄 등 심각한 기상 이변을 유발하는 주요 원인 중 하나로 꼽힙니다.

세먼지 같은 작은 입자들로, 햇빛을 반사해 지구를 식히는 '양산 효과'를 냅니다. 아이러니하게도, 과거 산업혁명 이후 우리가 내뿜은 수많은 오염물질이 햇빛을 튕겨내며 지구 온난화를 어느 정도 억제해 온 셈입니다. 에어로졸의 주요 원인 물질 중에서 최근 과학자들이 주목하는 것은 이산화황입니다. 이산화황은 특히 햇빛을 반사하는 능력이 탁월한 것으로 잘 알려져 있어서 배출하면 할수록 햇빛 차단으로 인한 냉각 효과가 있는 물질입니다. 중국은 2008년 베이징 올림픽을 계기로 너무나도 심각했던 대기오염을 줄이기 위해 큰 노력을 해왔고, 이에 따라 2006년 대비 이산화황을 73% 가까이 줄였습니다. 또한 2020년 1월 1일부터 국제해사기구IMO의 규정으로 인해 선박 연료의 황 함량이 3.5%에서 0.5%로 낮춰지면서 선박이 내뿜는 황산화물 배출량이 80% 급감했습니다.

그 결과, 주요 항로인 북대서양과 북태평양 등의 하늘이 깨끗해졌고, 더 많은 햇빛이 바다로 쏟아지게 되었습니다[18]. 이 '깨끗해진 하늘'이 온실기체만으로는 설명할 수 없는 추가적인 기온 상승의 주요 원인 중 하나로 지목됩니다. 대기오염을 줄이는 행동이 역설적으로 지구를 더 덥히는 데 일조하고 있는 것입니다.

화산 폭발 역시 기후에 큰 영향을 미칩니다. 1991년 필리핀의 피나투보 화산이 폭발했을 때, 성층권으로 올라간 화산재가 햇빛을 차단해 지구 평균 기온이 약 0.6℃ 떨어졌습니다[19]. 반대로 화산 활동이 잠잠한 시기에는 지구 온도가 평소보다 높아집니다.

태양 활동의 변화도 무시할 수 없습니다. 태양 표면의 흑점 수로 알 수 있는 태양 에너지의 세기는 11년 주기로 변하는데, 지난해는 태양 에너지가 가장 증가하는 시기와 겹쳤습니다.

최근 몇 년간 극단적인 날씨가 특히 심했던 이유는 이처럼 여러 요인들이 공교롭게 한 방향으로 맞아떨어졌기 때문입니다. 온실기체 증가라는 기본 트렌드 위에 강력한 엘니뇨, 대기 오염 감소, 화산 활동의 냉각 효과 약화, 활발한 태양 활동 등이 겹치면서 마치 '불난 집에 부채질'하는 격이 되었습니다.

날씨는 원래 흉포하다

우리는 지금 분명 기후위기의 시대를 살고 있습니다. 인간이 배출한 온실기체는 지구의 평균 기온을 끌어올리며 과거에는 없던 새로운 위험을 만들어내고 있습니다.

하지만 한 가지는 분명히 기억해야 합니다. 우리가 겪는 이 모든 험한 날씨가 과거에는 절대 없었던 '전례 없는' 현상이라고 착각해서는 안 됩니다. 역사는 우리에게 보여줍니다. 기후 변화가 아니더라도, 날씨는 원래 충분히 흉포하고 파괴적일 수 있다는 사실을 말입니다.

온실기체라는 장기적인 위협에 더해 수많은 자연적, 인위적 요인들이 복잡하게 얽히며 지금의 날씨를 만들어내고 있습니다.

그러다 여러 요인이 한 방향으로 맞아떨어질 때, 우리는 경신대기근과 같은 거대한 재앙을 마주할 수 있습니다.

모든 재난을 온실기체 탓으로만 돌리는 것은 문제의 본질을 흐리고, 자연이라는 거대한 시스템의 힘을 과소평가하게 만듭니다. 우리는 인간이 초래한 위기를 직시하되, 날씨가 가진 본래의 무서움을 잊지 말아야 합니다.

극한 기상이
새로운 뉴노멀이 된 시대

최근 몇 년간 지구 곳곳에서 일어나는 기상 현상들은 정말 극적입니다. 매년 '역대급' '최악'이라는 수식어가 무색하게 기록은 계속해서 경신되었고, 그 강도와 피해는 영화적 상상력을 뛰어넘을 정도로 극적이었습니다. 2023년부터 2025년까지 지구촌을 강타한 가장 충격적인 기상 재난의 순간들을 되짚어 보겠습니다. 그리고 이 모든 현상의 이면에는 공통된 배경이 있음을 발견하게 되실 것입니다.

2023년, 관측 역사상 가장 뜨거운 해

2000년대 들어 '관측 사상 가장 뜨거운 해'는 무려 8번 경신되었습니다. 그중 4번이 최근 10년 사이에 몰려있을 정도로 지구 온도 상승이 심화하고 있습니다.

전례 없는 해양 폭염, 바다 생태계를 뒤흔들다

2023년은 육지만 뜨거웠던 것이 아니었습니다. 북대서양을 비롯한 전 세계 바다 역시 전례 없는 해양 폭염Marine Heatwave에 시달렸습니다. 일부 해역에서는 평년보다 5℃ 이상 높은 수온이 관측되기도 했는데, 이는 해당 지역의 해양 생태계에 치명적인 결과를 초래했습니다. 플로리다 연안의 산호초는 하얗게 죽어갔고, 어류의 집단 폐사가 잇따랐습니다. 이는 단순히 바닷속 생물에게만 그치는 문제가 아니었습니다. 뜨거워진 바다는 대기로 엄청난 양의 열과 수증기를 방출하며, 이후 발생할 극한 기상의 강력한 에너지원이 되었습니다.

리비아를 휩쓴 '메디케인', 도시를 지우다

2023년 9월, 지중해에서 발생한 이례적인 메디케인* '다니엘'이 리비아 동부를 강타했습니다. 항구도시 데르나에는 1년 치 비가 단 하루 만에 쏟아지는 상상조차 힘든 물 폭탄이 투하되었습니다. 이 폭우로 상류의 댐 2개가 붕괴하면서 거대한 급류가 도시 전체를 덮쳤고, 최소 1만 명 이상이 사망하거나 실종되는 21세기 최악의 홍수 참사 중 하나로 기록되었습니다. 위성 사진에는 도시의 4분의 1이 흔적도 없이 사라진 모습이 포착되어 전 세계에 충격을 주었습니다.

---

* 지중해에서 발생하는 태풍급 저기압

이 외에도 아시아 전역을 덮친 40℃ 이상의 폭염, 74년 만에 가뭄에 시달린 우루과이 등 2023년은 극단적 기상현상의 잦은 출몰이 특정 지역의 문제가 아닌, 전 인류의 생존을 위협하는 현실이 되었음을 세계인들에게 명확히 각인시킨 준 한 해였습니다.

2024년, 처음으로 1.5℃를 넘어서다

2024년은 WMO가 공식적으로 관측 역사상 가장 뜨거운 해로 선언했던 해입니다. 산업혁명 이후 지구 평균 기온이 1.55℃까지 상승해 2015년 파리기후협약에서 제시했던 온도 저지선인 1.5℃를 넘어선 해였고, 엘니뇨 현상이 발생해 많은 기상 이변이 지구촌 곳곳에서 속출한 해였습니다.

아마존을 불태운 최악의 산불

2024년, '지구의 허파' 아마존 열대우림은 2005년 이래 최악의 산불로 신음했습니다. 영국 전체 면적에 가까운 2,200만ha헥타르가 불탔으며, 이는 기후 변화와 가뭄이 만들어낸 비극이었습니다. 수많은 야생동물이 목숨을 잃었고, 지구의 탄소 저장고가 파괴되면서 기후 변화를 더 가속하는 악순환의 고리가 형성되었습니다.

대서양을 공포에 떨게 한 초강력 허리케인

이례적으로 따뜻해진 해수면 온도는 허리케인을 괴물로 키웠습니다. 2024년 6월 말에 발생한 허리케인 '베릴'은 관측 사상 가장 이른 시기에 발생한 5등급 허리케인으로 기록되었습니다. 이어 9월에는 허리케인 '헬렌'이 미국 남동부를 강타하며 역사적인 홍수를 일으켜 최소 121명의 사망자와 수백만 명의 이재민을 발생시키는 등 막대한 피해를 남겼습니다.

한반도 바다를 위협하는 적색경보

한반도 주변 바다의 수온 상승도 심각했습니다. 2024년 여름, 동해안의 수온이 30℃에 육박하면서 강도다리와 광어 등 양식 어류가 집단 폐사하는 사태가 발생했습니다. 특히 국내 최대 광어 양식지인 제주도와 완도에서는 약 1억 마리에 달하는 광어가 폐사하며 어민들에게 막대한 피해를 안겼습니다. 이는 뜨거워진 바다가 우리의 식탁과 경제에 직접적인 위협이 되고 있음을 보여주는 명백한 증거였습니다.

2025년, 전세계를 덮친 물폭탄 세례

2025년 역시 새로운 극한 기상 현상들로 채워지고 있습니다. 냉각 효과를 가져오는 라니냐 현상에도 불구하고 1월 지구 평균 기온이 역대 최고치를 경신하는 등 온난화 추세는 멈출 기미를 보이지 않고 있습니다.

미국 텍사스를 물에 잠기게 한 물 폭탄

2025년 7월, 미국 텍사스주에는 불과 몇 시간 만에 나이아가라 폭포의 일일 유량보다 많은 양의 비가 쏟아지는 극단적인 폭우가 발생했습니다. 이로 인해 과달루페강 수위가 6m 이상 급격히 상승하며 주변 지역을 덮쳤고, 최소 137명 이상이 목숨을 잃었습니다. 이는 온난화된 대기가 더 많은 수증기를 머금으면서 나타나는 전형적인 '극한 강우' 현상이었습니다.

한반도를 덮친 200년 만의 폭우

2025년 7월, 한반도 곳곳에 시간당 100mm가 넘는 비가 쏟아져 내렸고, 기상청은 이를 "200년 빈도"의 폭우라고 발표했습니다. 200년에 한 번 올 법한 비가 내린 것입니다. 그런데 뭔가 좀 이상합니다. 200년 만의 폭우라면 한 번 오고 200년쯤 지난 후에 다시 내려야 하는데, 2022년 서울 강남을 잠기게 한 시간당 141mm 폭우는 무려 "500년 빈도"였고, 2023년 군산에 내린 시간당 145.5mm 폭우도 "200년 빈도"였습니다. 2010년 이후로는 거의 2년에 한 번꼴로, 2020년 이후로는 거의 매년 200년에 한 번 올 법한 비가 오고 있는 것입니다[20]. 도대체 이런 현상을 어떻게 설명해야 할까요?

뜨거워진 바다, 수증기로 가득찬 하늘을 만들다

　　지난 3년간의 기록은 명확한 패턴을 보여줍니다. 기상 이변은 더 이상 '이변'이 아닌 '뉴노멀'이 되었으며, 그 강도와 빈도는 인류의 예측과 대응 능력을 넘어서고 있습니다. 흥미롭게도 최근 3년간의 기록적인 폭우와 강력한 태풍의 이면에는 공통적인 원인이 존재합니다. 바로 대기 중으로 엄청난 양의 수증기를 공급하는 '뜨거운 바다'입니다. 특히나 주목해야 할 것은 대한민국이 인접하고 있는 북서 태평양의 수온 상승이 해양학자들도 놀랄 정도로 전례없이 빠르다는 점입니다. 물리학적으로 기온이 1℃ 오를 때마다 대기는 약 7%의 수증기를 더 머금을 수 있습니다. 최근 수년간 전

2025년 북반구 여름 북서 태평양에 출현한 거대한 고수온 영역

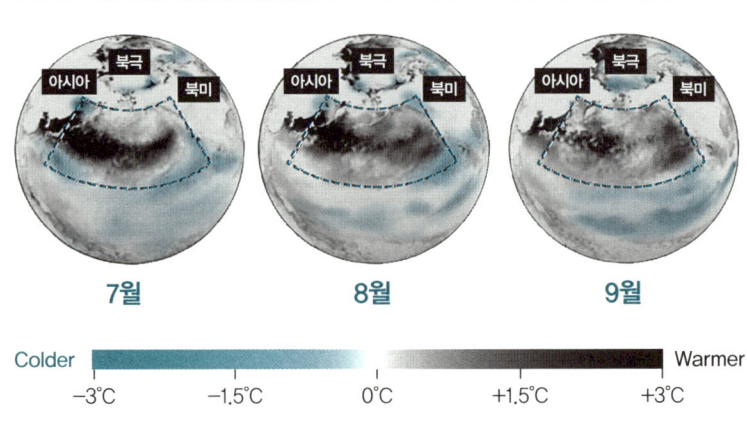

출처: BBC

　　　　　　　1부 '기후 종말론'의 터무니없는 실체를 해부하다

지구의 바다, 특히 북태평양과 북대서양의 중위도 해역 수온이 급격히 상승하면서 대기는 가히 '수증기로 가득 찬' 상태가 되었습니다.

빠르게 뜨거워지는 북극이 제트기류를 흔들어놓고 있다

하지만 대기 중에 수증기가 아무리 많아도, 수증기를 뭉쳐 거대한 비구름으로 빚어내 특정 지역에 물 폭탄을 내리게 하는 대기의 거대한 흐름이 없다면 수증기는 그저 습하고 무더운 날씨를 만들어내는 재료일 뿐입니다. 실제로 수증기를 물 폭탄으로 몰고 가는 역할은 바로 '제트기류Jet Stream'가 맡고 있습니다. 그리고 최근 이 제트기류가 심하게 흔들리고 있습니다.

지구 온난화는 지구 전체가 골고루 뜨거워지는 현상이 절대 아닙니다. 특정 지역이 훨씬 더 빠르게 가열되는데, 가장 대표적인 곳이 바로 북극입니다. '북극 증폭'이라 불리는 이 현상으로 인해 북극의 기온 상승 속도는 전 세계 평균보다 3~4배나 빠릅니다. 멀리 떨어진 북극의 이야기가 우리와 무슨 상관이 있을까요? 바로 북극의 온도 변화가 지구 대기의 '고속도로'인 제트기류의 형태와 움직임을 크게 바꿔놓고 있기 때문입니다[21].

제트기류는 중위도 상공을 빠르게 흐르는 강한 바람의 띠입니다. 이 흐름은 북쪽의 찬 공기와 남쪽의 더운 공기를 나누며, 계

제트기류의 물결

절과 날씨의 균형을 잡아주는 역할을 합니다. 그런데 북극이 빠르게 가열되면서 남북 간의 온도 차이가 줄어들자, 이 제트기류가 약해지고 뱀처럼 구불구불 굽이치기 시작했습니다. 마치 빠르게 돌 때는 안정적이던 팽이가 속도가 줄면 흔들리는 것과 같은 원리입니다.

느려지고 구불거리는 제트기류는 전 세계 날씨를 극단적으로 만듭니다. 제트기류가 북쪽으로 크게 휘어 올라간 곳에는 뜨거운 남쪽 공기가 갇히는 '열돔Heat dome' 현상이 발생해 기록적인 폭염과 가뭄과 대형 산불의 원인이 됩니다.

반대로 제트기류가 남쪽으로 깊게 내려오는 곳에는 북극의 찬 공기가 쏟아져 내려와 여름에는 이상 저온을, 겨울에는 혹독한

열돔 현상

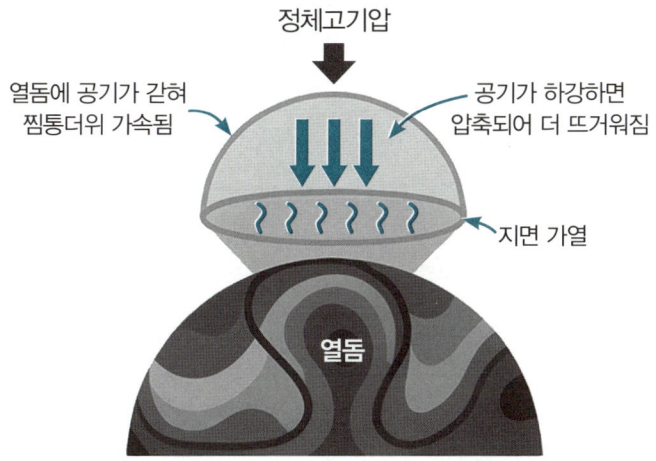

정체고기압

열돔에 공기가 갇혀
찜통더위 가속됨

공기가 하강하면
압축되어 더 뜨거워짐

지면 가열

열돔

제트기류가 약해지고 출렁이면서 아열대의 뜨거운 공기가 중위도 지역까지
올라오게 되고 열돔이 형성되면서 강한 폭염으로 발전하게 된다.

출처: NOAA

한파를 몰고 옵니다.

그리고 이 두 공기 덩어리가 충돌하며 정체하는 지역에서는 비구름이 한곳에 머무르며 모든 수증기를 쏟아부어 극한 호우를 만듭니다. 2022년 서울 도심에 하루 380mm 넘는 폭우가 쏟아진 것도 이런 정체 현상의 일환이었습니다. 실제로 2020년대 이후 발생한 대한민국의 시간당 100mm 이상 극한 호우 13건 중 12건이 바로 약해진 제트기류로 인해 남하한 찬 공기와, 뜨거운 바다로부터 막대한 수증기를 공급받은 북태평양 고기압이 충돌하며 발

북극이 뜨거워지면서 제트기류가 요동치고, 이에 따라 찬공기가 남하하면서
남쪽의 따뜻하고 습한공기와 부딪혀 극한 호우가 내리는 상황을 묘사한 모식도.

생한 것으로 분석되었습니다. 너무 멀리 떨어져 우리와 상관없을
것 같던 북극의 변화가 한반도의 여름 날씨를 뒤흔들고 있는 것입
니다.

최근 2000년대 이후 북극권의 온도가 급상승하면서 이러한 상
황이 여름철 한반도에서 자주 만들어지고 있습니다. 특히 2021년
의 경우, 찬공기가 한반도 상공에 한 달 이상 머무르면서 51일이
라는 기록적인 최장 장마 기록을 경신하기도 했고, 2023년 시간

당 380mm의 폭우가 수도권에 집중된 사례도 사실 이러한 찬공기의 급습 때문이었습니다.

최근 몇 년간의 극한 기상 현상들이 우리에게 주는 시사점은, 기후 변화가 단순히 '따뜻함'을 의미하는 게 아니라는 것입니다. 온도가 조금만 올라가도, 바람이 바뀌고, 바다가 바뀌고, 하늘의 흐름이 달라집니다. 기후 변화로 인해 미래 세상은 '따뜻한 세상'을 넘어 날씨가 요동치고 극단적인 형태로 변모하는 '더 위험한 세상'이 될 것입니다.

흉포한 날씨는
인류를 위협하고 있을까?

    통계적으로도 최근 수십 년간 기상 이변으로 인한 자연재해 발생 건수는 많이 증가했습니다. 국제재난데이터베이스EM–DAT 자료에 따르면, 1970년대에 연간 약 100건이던 자연재해가 최근 20년 사이 연평균 400건 수준으로 4배로 증가했습니다[22].

    다만 이 수치는 미디어의 발전으로 인해 재난 보고가 증가한 탓도 있어 해석할 때 주의가 필요합니다. 1980년대 이후 위성통신과 인터넷, 언론이 발달하면서 예전에는 기록조차 안 되던 규모의 작은 재해들까지 집계되기 시작한 겁니다. 실제로 EM–DAT를 운영하는 재난역학연구센터CRED, Centre for Research on the Epidemiology of Disasters 측에서도 "2000년 이전 데이터는 보고 품질이 고르지 않아 추세 해석에 신중해야 한다"라고 권고합니다. 과거 기록을 보면 아주 큰 재해 위주로만 남아있고, 중소 규모 재해는 누락된 경우가 많습니다. 그렇다고 해서 기후 변화로 인한 극한 기상현상이 늘어나고 있다는 사실 자체가 부정되는 건 아닙니다. WMO는

1900년~2023년 기록된 극한 기상과 홍수의 수

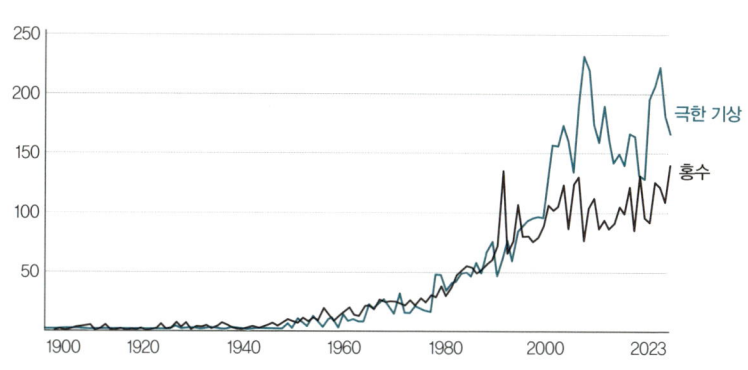

출처: Our world in data

"기후 변화로 기상 이변이 더 빈번하고 강해지고 있다"라고 명확히 밝히고 있고 대부분의 기후과학자들은 이에 동의합니다. 실제로 대기 중 수증기 증가로 폭우와 홍수 위험이 커지고, 해양 온난화로 강한 열대성 폭풍이 발생할 수 있는 지역이 점점 확대되는 등의 추세가 확인되고 있습니다. 결국 자연현상 자체의 위력은 커지고 발생 빈도도 잦아지는 중인 거죠.

놀라운 반전: 재해로 인한 사망자 수는 오히려 감소

그렇다면 자연재해로 목숨을 잃는 사람들은 얼마나 될까요? 놀랍게도, 자연재해 발생 수는 늘었지만 사망자 수는 크게 줄었습니다. 1970년 방글라데시를 강타한 사이클론 볼라Bhola는 약 30만~50만 명이라는 상상을 초월할 만큼 많은 수의 생명을 앗아갔습니다. 반면 50년 뒤인 2020년, 비슷한 규모의 초강력 사이클론 암판Amphan이 방글라데시를 덮쳤을 때 사망자는 26명에 그쳤습니다. 물론 26명이 결코 적은 숫자는 아니지만, 과거 수십만 명씩 희생되던 것과 비교하면 놀라운 변화입니다. 방글라데시만의 일이 아닙니다. 20세기 전반까지만 해도 거대한 자연재해로 한 번에 수백만 명이 사망하는 일이 드물지 않았습니다. 실제로 1876년~1878년 전 지구적 가뭄(초강력 엘니뇨) 때는 전 세계에서 3,000만~6,000만 명이 굶주림으로 목숨을 잃었습니다[23]. 그러나 이런 대규모 인명 피해는 이제 거의 발생하지 않습니다. 세계 인구가 100년 전에 비해 4배 이상 늘었는데도, 자연재해로 인한 연

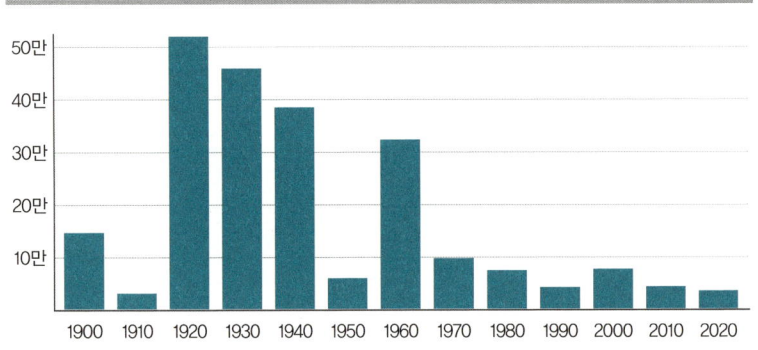

1900년대 이후 자연재해로 인한 전 세계 사망자 수

출처: Our world in data

1부 '기후 종말론'의 터무니없는 실체를 해부하다

간 사망자는 오히려 10분의 1 수준으로 감소했습니다. 인구 대비 사망률로 보면 감소 폭은 극적입니다.

인류는 어떻게 위기를 이겨내고 있나

혹시 자연재해의 위력이 약해진 걸까요? 물론 그렇지 않습니다. 앞서 설명했듯 기후 변화로 극한 기상은 더 자주, 더 강하게 나타납니다. 핵심은 자연재해에 대한 인류의 대응 능력이 극적으로 향상된 데 있습니다. 지난 수십 년간 재난 피해를 줄인 게임 체인저들을 정리하면 다음과 같습니다.

1. 기상예보 기술의 발전: 오늘날 '4일 전 일기예보' 정확도가 30년 전의 '하루 전 예보'만큼이나 뛰어납니다. 인공위성 관측과 슈퍼컴퓨터 도입으로 태풍 경로와 강도를 며칠 전부터 예측할 수 있게 되었습니다.
2. 조기 경보 시스템: 재해 발생 전에 대피령을 내리고 경고 방송을 할 수 있는 체계가 갖춰졌습니다. 덕분에 많은 사람이 미리 대피해 인명 피해를 크게 줄일 수 있었습니다.
3. 농업 및 식량 안보 향상: 한 해 농사가 망쳤다고 수십만 명이 아사하는 시대는 지났습니다. 품종 개량, 비축미 제도, 국제 식량 거래 등으로 가뭄이나 홍수 때 식량 피해를 최소화하고 대처할 수 있게

되었습니다.

4. 정치, 사회 체계의 개선: 제대로 기능하는 민주주의 국가에서는 대규모 기근이 거의 발생하지 않는다는 것이 정설입니다. 정부의 책임성과 투명한 언론, 국제 지원 체계가 굶주림을 방지하기 때문입니다. 노벨경제학상 수상자 아마르티아센Amartya Kumar Sen도 "기근은 민주 국가에서 일어나지 않는다"라고 분석했습니다.

5. 소득 수준 향상: 빈곤층일수록 재해에 취약합니다. 이제 더 많은 사람이 내진耐震 건물에서 살고, 전기와 깨끗한 물, 냉난방 시설을 누리며, 보험으로 재산을 지키고, 재해 후 복구할 경제적 여력도 갖추고 있습니다. 같은 폭풍이나 지진이 덮쳐도 100년 전보다 피해가 훨씬 적은 결정적 이유입니다.

재해 연구자들은 종종 "자연재해는 없다"라는 말을 합니다. 이는 자연현상 그 자체가 재난이 아니라, 그 사회의 취약성에 따라 피해가 결정된다는 뜻인데요. 실제로 현대 재난 위험은 보통 다음과 같은 공식으로 설명됩니다.

재난 위험 = 위험(자연현상의 위력) × 노출(위험지역에 사는 정도) × 취약성(대응 능력)

기후 변화로 위험Hazard은 커졌고, 인구 증가와 도시화로 노출Exposure도 늘었습니다. 그러나 기술 발전과 경제 성장 덕분에 취약성Vulnerability은 크게 낮아졌습니다. 그 결과 전체적인 재난 위험은 오히려 감소한 측면이 있습니다. 자연재해 발생 건수는 늘었지만 사망률은 떨어진 현상이 이를 잘 보여줍니다. 결국 "재해는 자연이 만드는 게 아니라 인간 사회가 만든다"라는 말이 과장이 아닌 셈이죠.

텍사스의 비극: 예보 시스템이 무너졌을 때

2025년 7월, 미국 텍사스주에 기후위기 시대의 교훈을 보여주는 충격적인 참사가 있었습니다. 기록적인 폭우가 내려 단숨에 마을을 집어삼키면서 100명이 훌쩍 넘는 인명피해가 발생한 것입니다. 불과 45분 만에 강 수위가 8m 가까이 치솟아, 순식간에 쓰나미 같은 홍수가 덮쳤습니다. 여름방학 캠프에 참가 중이던 어린이 수십 명도 급류에 휩쓸렸습니다. 그런데 더 충격적인 사실은, 이 재앙이 충분히 예방할 수 있었다는 점입니다. 텍사스는 평소에도 홍수가 잦은 지역인데다, 특히 7월은 홍수 위험이 큰 시기였습니다. 그런데 왜 제때 경보가 울리지 않았을까요?

알고 보니 이유는 허망했습니다. 트럼프 2기 행정부는 '정부 예산 절감'을 내세워 미 국립기상청NWS 직원 4,000명 중 600명의 해고를 단행했습니다. 홍수가 난 텍사스 중부 지역 관할 예보관들과 수문학자들이 4월 말 일괄 퇴직 처리되어 예보 공백이 생긴 상황이었죠. NWS 직원 노조에 따르면, 홍수 피해가 집중된 지역의 주요 기상청 사무소 두 곳에서 정원의 20~25%에 달하는 자리가 비어 있었고, 특히 홍수 경보 조정을 담당하는 핵심 관리자가 공석이었습니다[24].

결과는 처참했습니다. 현지 시각 새벽 4시경 한 소방관이 무전으로 "전 주민 대피 경보CodeRED를 발령하자"라고 요청했지만, 상부 승인에 한 시간이 걸렸고 어떤 주민들은 홍수가 한창 진행된 오전 10시가 되어서야 첫 경고 문자를 받았다고 증언했습니다. 결국 초기 대응 실패로 골든타임을 놓치며 130여 명이 목숨을 잃었고, 수십 명이 실종되는 대참사가 벌어졌습니다. 더 안타까운 건 사후 대응이었습니다. 기자들이 "기상예보관 해고 때문에 경보가 늦어진 것 아니냐"라고 묻자, 트럼프 대통령은 답을 피하며 "100년에 한 번 있을 재앙이고 지켜보는 것만으로도 끔찍한 일"이라고만 말했습니다. 백악관 대변인도 "기상청은 할 일을 다 했다. 이번 홍수와 대통령은 무관하다"라며 직원 감축과 피해의 연관성을 강하게 부인했죠. 텍사스 주지사Greg Abbott는 책임론을 제기하는 사람들을 가리켜 "루저Losers"라고 맹비난하기도 했습니다.

하지만 냉정히 생각해 보겠습니다. 만약 기상예보 시스템이 정상 가동되었다면 어땠을까요? 홍수 위협을 사전에 감지해 주민 대피령을 내리고, 모든 경보 시스템을 총동원했다면 수백 명의 목숨을 살릴 수 있었을 겁니다. 불과 예보관 몇 명의 연봉 비용으로 말이지요. 결국 텍사스 홍수 사태는 과학과 시스템을 경시했을 때

1부 '기후 종말론'의 터무니없는 실체를 해부하다

어떤 대가를 치르는지 보여준 교훈이 되었습니다.

기상예보의 경제적 가치

텍사스 참사는 기상예보의 인명 보호 가치를 뼈아프게 일깨 웠습니다. 그런데 예보의 가치는 목숨을 구하는 데서 그치지 않습 니다. 농업, 항공, 해운, 에너지, 관광 등 대부분 산업이 기상정보에 의존하기 때문에, 정확한 기상예보는 막대한 경제적 효과를 냅니 다. WMO에 따르면, "기상 서비스에 1달러를 투자하면 10달러의 경제적 이익을 얻는다"라는 분석도 있습니다. 기업과 정부가 기 상 예측을 활용해 재해로 인한 손실을 줄이고, 운영 효율을 높인 결과입니다. 대한민국의 경우만 봐도, 기상청의 태풍과 호우 예보 및 사전 대비로 매년 수천억 원대의 재산 피해를 예방하고 있습니 다. 2002년 태풍 루사 때는 이례적으로 상세한 진로 예보를 통해 일찍 주민 대피령을 내림으로써 인명 피해를 최소화했고, 2012년 태풍 볼라벤 때도 선제 조치로 피해를 크게 줄였습니다.

반대로 기상예보 시스템이 제대로 작동하지 않으면 어떤 일 이 벌어지는지 우리는 텍사스 사례에서 확인했습니다. 단 몇 명의 예보 인력을 아낀 대가로, 수백 명의 소중한 생명과 수십억 달러 의 재산을 잃은 것입니다. 기상예보 향상을 위한 투자는 그 비용 대비 효과가 매우 확실한 투자인 셈입니다.

관측을 멈추면 문제가 사라질까?

그럼에도 트럼프 행정부는 한발 더 나아가 기후 관측 자체를 축소하려 하고 있습니다. 하와이 마우나로아 관측소는 1958년 이래로 전 세계 대기 중 이산화탄소 농도 변화를 67년 넘게 빠짐없이 기록해 온 곳입니다. 지구 온실기체 증가를 가장 정확하게 보여주는 '킬링 곡선' 데이터로 유명합니다. 그런데 이 마우나로아를 비롯한 기후 관측망을 폐쇄하겠다는 계획이 나온 겁니다. 실제로 2025년 트럼프 행정부의 예산안에는 마우나로아 관측소 등 미국의 주요 대기 환경 관측 시설과, 전 지구 가스 농도 데이터를 분석하는 미국 해양대기청NOAA 산하 연구소를 모두 문 닫는 항목이 포함되었습니다. 70년에 걸친 소중한 기후 기록을 끊어버리겠다는 것이죠.

측정을 안 하면 기후 변화 문제가 사라질까요? 그렇지 않습니다. 오히려 손바닥으로 하늘을 가린 사이 상황은 더 나빠질 뿐입니다. 기후 변화로 인한 위험은 객관적 수치로 추적하고 대비하지 않으면, 마치 눈가리개를 하고 고속도로를 질주하는 꼴이 됩니다. 다행히 미국 내 과학계와 여론의 거센 반발로 이 예산안은 의회 통과가 불투명해졌지만, 만약 이런 반과학적 결정이 현실화했다면 전 인류가 큰 손해를 보게 될 것은 분명한 일입니다.

이산화탄소 농도 변화

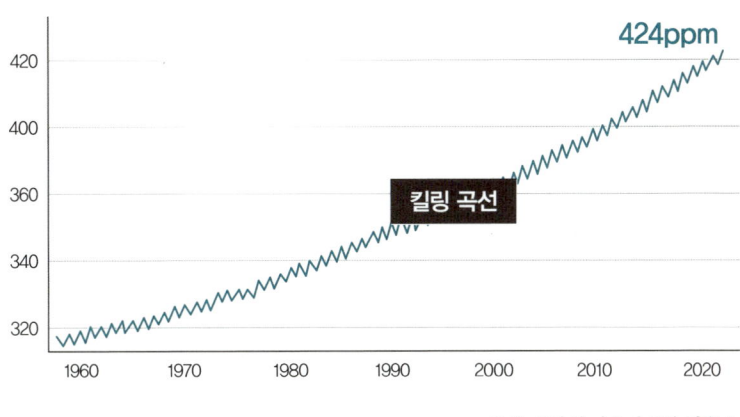

출처: 하와이 마우나로아 관측소

과학은 정치적 성향과 무관하다

극한 기상이 일상화된 시대에 기상예보는 더 이상 "오늘 우산을 가져갈까?" 정도의 문제가 아닙니다. 내 삶과 공동체의 안전을 지켜주는 안전망이나 다름없습니다. 그럼에도 일부 정치인은 아직도 기후 변화를 정치 싸움의 소재로 취급합니다. 심지어 "기후 변화는 좌파의 음모" "정치적 공격을 위해 기상무기를 쓴다"라는 황당한 음모론까지 떠돕니다. 그러나 과학적 사실은 정치 성향에 따라 달라지지 않습니다. 중력의 법칙이 진보든 보수든 똑같이 작용하듯, 대기의 물리도 누구의 신념과 무관하게 현실을 만들 뿐입니다.

100년에 한 번 올 폭우가 매년 쏟아지는 현실 앞에서, "이것은 신만이 아는 일"이라며 손 놓고 있을 수는 없지 않겠습니까? 결국 선택은 둘 중 하나입니다. 과학에 기반해 대비 체계를 강화하느냐, 아니면 눈 감고 있다가 끔찍한 대가를 치르느냐 입니다. 텍사스의 참극은 과학을 무시하고 현실을 부정할 때 얼마나 큰 비용을 치르게 되는지를 보여준 비싼 교훈이 되었습니다.

다행히 대한민국은 다른 길을 걷고 있습니다. 기상청은 AI와 빅데이터를 활용한 차세대 예보 시스템을 구축하며, '극한 기상 대응체계'를 꾸준히 강화하고 있습니다. 세계 최고 수준의 기상 슈퍼컴퓨터 도입, 전국적 관측망 확충, 예보관 전문성 향상 등에 지속 투자해 왔지요. 덕분에 한반도를 위협하는 태풍, 집중호우, 폭설 등에 비교적 선제적으로 대응해왔고, 피해도 예전보다 줄고 있습니다.

하지만 절대 안주할 때가 아닙니다. 기후위기에 대한 대한민국의 취약성은 여러 지표에서 뚜렷합니다. 삼면이 바다인 지형 탓에 해수면 상승과 태풍의 직접적 영향권에 있고, 중위도 제트기류 변동의 영향을 크게 받는 위치입니다. 과거 경험으로 예측하기 어려운 '전례 없는' 현상들이 속출하고, 2023년~2025년에 기상 관측 기록이 연이어 경신되고 있습니다. 앞으로는 지역별 세밀한 예보, 시간별 정밀 예보, 그리고 단순 강수량 예측을 넘어 피해 규모까지 예측하는 영향 예보 등의 중요성이 커질 것입니다. 이를 위해 기상청을 비롯한 관련 기관의 역량을 지속적으로 업그레이드해야 합니다.

지난 한 세기 동안 인류는 어쩌면 기후 변화의 충격보다 한 발 앞서서 대응 역량을 발전시켜 왔습니다. 방글라데시의 기적적인 사례나 일본, 칠레의 지진 대비 인프라처럼, 인류는 배우고 대비함으로써 재난을 극복해 왔습니다. 물론 기후위기는 인류가 직면한 최대 난제 중 하나입니다. 그러나 지난 100년의 경험은 인류에게 위기에 적응하고 맞설 능력이 있음을 증명합니다. 중요한 것은 그 능력을 더욱 발전시키고, 특히 가장 취약한 계층까지 보호할 수 있도록 투자를 아끼지 않는 일입니다. 극한 기상 시대의 기상예보는 곧 생명줄입니다. 그리고 그 생명줄을 더욱 튼튼히 하는 일은 우리 모두의 과제입니다.

3장

기후위기
문해력 높이기

기후 관련 용어 정리

언어는 우리가 세상을 바라보는 렌즈이자, 행동을 이끄는 나침반의 역할을 합니다. 잘못된 용어 하나가 정책을 비틀고, 대중의 인식을 왜곡하며, 결국 기후위기 대응을 엉뚱한 방향으로 이끌 수 있습니다. 기후위기 이야기를 하기에 앞서 기후위기와 관련된 용어들을 먼저 정리하고 넘어가겠습니다. 자주 쓰는 용어들이지만, 의외로 잘못 쓰이거나 남용되는 경우가 많다는 걸 알게 되실 겁니다.

'날씨'와 '기후'의 구별

우선 가장 기본부터 짚고 넘어가겠습니다. "오늘 날씨 좋네"와 "요즘 기후가 변했어"의 차이를 아시나요? 날씨는 지금 당장, 오늘, 이번주처럼 짧은 기간의 변화를 말합니다. 짧고 변덕스러운 어린아이의 감정처럼 시시각각 변하는 게 날씨입니다. 이에 반해 기후는 수십 년간 모아둔 날씨들의 평균값입니다. 그래서, 잘 바뀌지 않습니다. 정원이 40명인 한 반에서 학생 한 명이 전학을 간다고 해서 그 학급 학생들의 평균 키가 변하지 않는 것처럼, 하루이틀 험한 날씨를 경험한다고 해서 기후가 바뀌지는 않습니다.

날씨와 기후 용어 비교

구분	날씨(Weather)	기후(Climate)
정의	특정 시간, 특정 장소의 대기 상태(기온, 습도, 바람 등)	오랜 기간(보통 30년 이상)에 걸쳐 나타나는 한 지역의 평균적인 날씨 패턴
시간	단기적(수 시간, 하루, 일주일)	장기적(수십 년, 수백 년 이상)
공간	좁은 지역(특정 도시, 동네)	넓은 지역(국가, 대륙, 전 지구)*
변동성	시시각각 변하며 변동이 매우 큼	비교적 안정적이고 서서히 변함
예측	기상예보를 통해 몇 시간 혹은 며칠 앞을 예측	기후 모델을 통해 미래의 경향성에 대한 확률적인 정보를 획득함
측정 요소	현재의 기온, 강수량, 풍속, 기압, 습도 등	과거 날씨 데이터의 평균값, 최고값, 최저값, 발생 빈도 등 통계치
표현 예시	"중부 지방을 중심으로 10cm가 넘는 폭설이 쏟아졌습니다." "오늘 홍천의 낮 최고온도가 41℃를 넘었습니다."	"대한민국은 사계절이 뚜렷한 온대 기후에 속한다." "대한민국의 연평균 강수량은 약 1,200mm이다."
관련 학문	기상학(Meteorology)	기후학(Climatology)

---

* 보편적으로 기후는 넓은 공간을 대상으로 한 개념이지만 시간 평균(30년 이상)을 이용하여 정의되기에 좁은 지역을 대상으로도 충분히 기후를 정의할 수 있습니다. (예: 지역 기후, 도시 기후 등)

그런데 바로 이 대목에서 문제가 생기고 있습니다. 수십 년간 바뀌지 않고 유지되어야 할 기후가 매년 체감할 정도로 달라지고 있는 것입니다. 점점 예측 불가능한 날씨가 속출하고 이들의 평균 상태인 기후마저 바뀌고 있습니다. 이러한 상황에서 **기후위기**Climate Crisis, 지구 가열화Global Boiling와 같은 예전에는 듣도 보도 못하던 새로운 용어들이 우후죽순 등장하기 시작했습니다.

기후를 이야기할 때는 보통 **30년 단위의 평균 날씨**를 기준으로 삼습니다. WMO는 이 30년 평균값을 '평년값'이라고 부르며, 10년마다 새로운 값으로 업데이트합니다. 예를 들어, 2021년부터 사용하는 평년값은 1991년~2020년의 날씨를 평균 낸 값이죠. 따라서 "기후가 변했다"라고 말하는 것은, 단순히 작년과 다르다는 의미가 아니라, 현재 평년값이 이전 평년값과 비교했을 때 뚜렷한 차이를 보인다는 뜻입니다.

기후는 일반적으로 국가처럼 넓은 지역의 평균 날씨를 말하지만, 더 좁은 범위에도 적용할 수 있습니다. 예를 들어, 특정 도시나 산간 분지처럼 주변과 다른 독특한 기후적 특성을 보이는 곳의 기후를 **지역 기후**Local Climate라고 부르기도 합니다.

"오늘 홍천의 낮 최고기온이 41℃를 넘었습니다"와 같은 표현은 특정 지역의 기온을 나타내므로 '날씨'에 해당합니다. 하지만 평년 기온을 크게 벗어나는 이례적인 현상이라는 점에서 **극한 기상**Extreme Weather으로 분류됩니다. 이처럼 극한 기상은 특정 지역에서 보기 드문 극단적인 날씨 현상을 의미합니다. 한 번의 폭염이나 한파는 날씨의 영역이지만, 이러한 극한 기상 현상의 발생 빈도가 장기적으로 증가하는 추세를 보인다면 이는 기후 변화의 중요한 신호가 됩니다.

'이상 기후'라는
이상한 용어

"더워도 너무 더워요. 오늘 정말 이상 기후 현상이 극심하네요." 올여름 40도를 넘나드는 폭염 속에서 누구나 한 번쯤 내뱉었을 말입니다. 그만큼 '이상기후'라는 말은 우리 일상에 자리 잡은 용어입니다. 하지만 이는 정확한 과학 용어는 아닙니다.

영어로 직역하면 'Abnormal Climate'가 되는데, 영미권 과학계에서는 이런 표현을 찾아볼 수 없습니다. 대한민국에서만 통용되는 '콩글리시' 같은 셈인 거죠. 과학자들은 극한 기상 혹은 기후 극단Climate Extreme이라는 용어를 사용합니다. 두 용어 다 극단적인 날씨를 지칭하는 용어로, 극한 기상은 좀 더 며칠 동안 집중된 기상현상을 의미하고, 기후 극단은 폭염이나 가뭄처럼 하루이틀로 끝나지 않고 상당 기간 이어지는 극단적인 날씨의 연속을 의미합니다. 여기서 '기후 극단'은 이름에 '기후'가 들어가 혼동될 수 있지만, 장기간(30년 이상)의 평균이 아닌 '극단적인 날씨가 수일 이상 지속되는 현상'을 의미하므로 날씨의 범주에 더 가깝습니다. 중요한 점은, 한두 번의 극한 기상이나 기후 극단 현상 자체는 날씨의 영역이지만, 이러한 현상의 발생 빈도와 강도가 장기적으로 증가하는 추세를 보인다면, 이는 기후 변화의 강력한 증거가 됩니다.

2025년 대한민국 여름을 뜨겁게 달궜던 40℃ 폭염은 기후 극단입니다. 2~3일 500mm가 넘는 폭우로 광주를 물바다로 만든 큰비는 극한 기상, 그중에서도 **극한 호우**라고 할 수 있습니다.

'이상 기후면 어떻고 기후 극단이면 어때, 뜻만 통하면 되지'라고 생각할 수 있습니다. 그러나 이상 기후라는 표현의 진짜 문제는 따로 있습니다. 극단적인 기상현상은 자연의 고유한 현상이지 기후 변화 때문에 나타나는 현상이 아닙니다. 그런데, 날씨가 조금만 극단적이면 무조건 이를 '이상 기후'라고 지칭하게 되면

기후 관련 용어 정리

국문 표현	영어 대응 표현	설명
이상 기후	Abnormal Climate (사용되지 않는 용어)	과학적으로 쓰이지 않음
극한 기상	Extreme Weather	폭염, 한파, 폭우, 가뭄 등 단기적 극단 현상
기후 극단	Climate Extreme	2~3일 이상 지속되는 이상 고온, 극심한 가뭄 등 지속성 있는 극단 적인 날씨 현상
기후 변동	Climate Variability	수년에서 수십년 규모의 자연적인 기후 변화
기후 이상	(사용 권장 안 됨)	혼동을 유발할 수 있음

마치 모든 극단적 기상현상이 기후 기후 변화 때문이라고 사람들은 생각하게 됩니다. 잘못된 표현으로 사람들이 은연중에 왜곡된 판단을 하게 되는 것입니다.

지금처럼 기후위기가 심화되기 이전부터 극단적인 기상현상은 존재해 왔습니다. 자연은 인간에게 그 자체로 늘 극단적이었다는 것을 잊어서는 안 됩니다.

1342년 유럽에서는 최악의 유럽 홍수가 발생해 수많은 사람이 목숨을 잃었습니다. 그때의 기록이 한뮌덴의 어느 성곽에 고스란히 남아 있습니다. 독일 니더작센주 한뮌데의 성곽 사진의 맨 위쪽

독일 니더작센주 한뮌덴의 성곽

출처: 위키피디아

선이 지금까지도 깨지지 않고 있는 막달레나 대홍수 때 수위 기록입니다.

독일의 기상학자 쿠르트 바이킨Curt Weikinn은 이때의 상황을 이렇게 묘사하고 있습니다.

"이번 여름 우리 지역 내 모든 곳에 강이 엄청나게 범람했는데, 이 홍수는 폭우로 생긴 것이 아니라, 마치 물이 사방에서, 심지어 산 정상에서 밀려 들어온 것처럼 보였다 … 사람들은 쪽배를 타고 쾰른시 성벽을 넘어다녔다 … 매우 견고한 시 성벽들, 다리들, 집들, 도시의 성채들이 침수되었으며, 하늘이 완전히 열렸다. 온 땅에 비가 거세게 쏟아졌고, 뷔르츠부르크에서는 마인강 다리가 거세게 붕괴했고, 수많은 사람이 자기 집을 떠날 수밖에 없었다[25]."

그러니 날씨는 원래부터 극단적 현상을 보여왔고, 오늘날 인간 활동으로 뿜어져 나오는 온실기체가 이런 극단적인 양상을 좀 더 부추기고 있다고 이해해야 바람직합니다. 17세기 조선을 반세기 동안 괴롭힌 대가뭄, 14세기 유럽을 물바다로 만든 막달레나 대홍수 사건처럼 산업혁명 이전에도 우리 인류는 지금 못지않은 극단적인 기상현상에 노출되어 있었다는 사실을 잊지 말아야 합니다.

부정확한 용어 사용과 남용은 본질을 흐린다

    사람들은 종종 '지구 온난화'와 '기후 변화'를 같은 의미로 사용하곤 합니다. 지구 온난화는 지구 평균 기온이 올라가는 현상을 의미합니다. 반면 기후 변화는 기온뿐 아니라 강수 패턴, 해수면, 바람, 습도 등 지구 시스템 전체의 장기적 변화를 아우르는 포괄적 개념입니다.

    마치 '고열'과 '감기 몸살'의 차이와 같다고 할까요? 지구 온난화를 단순히 열이 나는 증상이라고 하면 기후 변화는 감기 몸살인 것입니다.

    즉, 지구 온난화는 기후 변화의 한 양상일 뿐, 좀 더 우리가 현재 일어나고 있는 거대한 변화를 잘 표현하려면 기후 변화라고 이야기해야 합니다. 실제로 기후 변화는 다음과 같은 다양한 현상을 초래합니다.

- 폭염으로 인한 사망자 증가

– 더 강력해진 태풍과 허리케인

– 해수면 상승으로 인한 침수

– 북극 한파의 남하(역설적이지만 온난화가 원인이다!)

– 가뭄과 홍수의 극단적 교차

이런 복잡다단한 현실을 '온난화'라는 단일 개념으로 축소하는 것은 문제의 심각성을 과소평가하는 일입니다.

기후 변화 vs 지구 온난화

구분	기후 변화(Climate Change)	지구 온난화(Global Warming)
정의	지구의 기후 시스템이 장기적으로 변화하는 현상	산업혁명 이후 인간 활동으로 인한 지구 평균 기온의 지속적 상승 현상
범위	온도, 강수, 바람, 해수면, 극한 기상 현상 등 기후 전반의 변화를 포함	기온 상승 중심, 특히 산업혁명 이후의 인위적 영향에 초점
원인	인간 활동(온실기체, 삼림 파괴 등)과 자연적 요인(화산, 태양 활동 등) 혼재	주로 이산화탄소, 메탄 등 온실기체 증가, 즉 인간 활동에 의한 영향을 지칭함
결과 및 영향	폭염, 한파, 가뭄, 홍수, 해수면 상승, 생태계 교란 등 복합적 기후 영향	기온 상승 자체 및 그로 인한 2차적 기후 변화의 촉진 요인
관계	지구 온난화를 포함하는 상위 개념	기후 변화의 하위 개념, 특히 산업혁명 이후 기온 상승에 국한
과학적 사용	IPCC 등에서 전 지구적 기후 시스템 변화 분석에 사용	산업혁명 이후 인위적 온도 상승 추세를 지칭할 때 주로 사용

1부 '기후 종말론'의 터무니없는 실체를 해부하다

기후위기, 과잉 사용은 역효과다

"기후위기 때문에 모든 게 엉망이야." 최근 자주 듣는 표현 중 하나입니다. 그러나 '기후위기'는 과학 용어라기보다는 대기 중 이산화탄소 농도가 420ppm을 넘어선 시대의 절박함을 전달하기 위한 전략적 수사에 가깝습니다. 경각심을 불러일으키는 데 효과적이지만, 남용될 때 오히려 역효과를 낼 수 있습니다. 요즘에는 비

기후 변화 vs 기후위기

구분	기후 변화(Climate Change)	기후위기(Climate Crisis)
정의	지구 기후 시스템이 장기간에 걸쳐 변화하는 자연적, 인위적 현상	기후 변화가 인류와 생태계에 중대한 위협을 초래한다는 인식과 경고를 담은 표현
용어 성격	중립적이고 기술적인 학술 용어	가치 판단과 긴박함을 담은 비학술적 표현, 주로 언론 및 시민사회에서 사용
사용 주체	과학자, 정부, 국제기구(IPCC, WMO 등)	언론, NGO, 정책가, 환경운동가 등
사용 목적	객관적 분석과 설명 중심	위기 의식 고취, 행동 촉구 중심
주요 맥락	논문, 보고서, 정책 문서, 학술 회의 등	캠페인, 대중 홍보, 미디어, 정치적 연설 등
대표 사례	『IPCC 제6차 평가보고서』: "Anthropogenic Climate Change"	2019년 『The Guardian』 등 언론의 용어 변경 선언("Climate crisis" 사용)
의도된 효과	현상의 정량적 이해	사회적, 정치적 각성과 행동의 촉진

가 조금만 많이 와도, 바람이 조금만 세게 불어도 '기후위기'를 이야기합니다. 기후위기의 심각성을 온 국민이 절감하고 있는 상황에서 '좀 남용하면 어때'라고 생각할 수 있습니다. 그러나 진짜 문제는 따로 있습니다.

2022년 여름, 서울시 강남구에 하루 만에 380mm가 넘는 기록적 폭우가 쏟아지자 많은 언론이 "기후위기가 만든 재난"이라고 보도했습니다. 틀린 말은 아닙니다. 기후 변화로 인해 한반도 주변의 바다 온도가 뜨거워졌고 엄청난 수증기가 전부 비로 변하면서 극한 강수 발생 확률을 높인 것은 사실이니까요. 하지만 그날 밤 서울 한복판 강남의 지하공간에서 목숨을 잃은 사람들의 죽음을 오로지 기후위기 탓으로만 돌릴 수 있을까요? 매년 반복되어도 뾰족한 대책 없이 방치되었던 낡은 배수 시스템, 부실한 도시 계획, 안이한 행정 대처 등이 혹시 기후위기 때문이라는 핑계로 뒤로 감춰지고 있는 것은 아니었을까요?

자칫 '기후위기'라는 거대한 담론이 우리가 당장 해결해야 할 구조적인 문제들을 가리는 방패막이가 될 수 있습니다. 모든 재난의 원인을 기후 탓으로만 돌리는 것은 문제 해결을 더 어렵게 만듭니다. 따라서 기후위기는 중요한 문제이지만, 모든 문제의 원인을 설명하는 만능 키는 아니라는 점을 이해하는 것이 중요합니다.

언어는 단순히 소통하는 도구를 넘어, 우리가 세상을 이해하고 행동을 결정하는 중요한 수단입니다. 따라서 기후위기라는 복잡한 문제를 해결하기 위해서는 언어를 정확하게 사용하는 것이 매우 중요합니다.

'극한 기상'을 '이상 기후'로 뭉뚱그리거나, '기후 변화'를 단순히 '온난화'로 축소하는 것은 문제의 본질을 흐릴 수 있습니다. 또한 '기후위기'라는 용어를 남용하면 오히려 재난 대응에 필요한 구조적 문제를 외면하게 만드는 부작용이 생길 수 있습니다. 말을 바로 잡으면 생각이 바뀌고, 생각이 바뀌면 세상이 바뀝니다. 언어의 작은 정밀함이 바로 효과적인 기후 대응의 시작인 셈입니다.

2부

거대한 전환,
유일한 인류의
희망

4장

에너지로 다시 쓰는
인류 문명사

에너지 밀도가 결정한
문명의 단계들

에너지, 문명을 이끈 보이지 않는 손

아주 오래전 인류가 불을 다스리게 되면서부터 에너지는 문명의 핵심 원동력이 되었습니다. 역사학자 스티븐 J. 파인Stephen J. Pyne은 그의 저서 『불의 시대』에서 "인류는 불을 지배한 것이 아니라, 불에 의해 길들여졌다"라고 통찰하며, 불을 단순한 도구가 아닌 문명의 대도약을 이끈 보이지 않는 손으로 규정했습니다[26]. 그렇게 불은 인류에게 유용한 도구이자, 스스로를 다른 동물들과 차별화하는 위대한 상징이 되었습니다.

불과 인류의 공생, 그 시작은 미약했습니다. 인류는 불을 이용해 혹독한 추위를 이겨내고, 칠흑 같은 어둠 속에서 포식자들의 위협으로부터 자신을 보호하는 용도로 사용했습니다. 불과 인류의 위대한 공생의 시작은 다름 아닌 인류의 식탁에서 일어났습니다. 음식을 익혀 먹음으로써 인류는 더 부드럽고 소화하기 쉬운 형태로 더 많은 영양을 섭취할 수 있게 되었고, 이는 인류의 생존율을 높이고 뇌 발달을 촉진하는 결정적인 계기가 되었습니다.

불의 사용으로 시작된 인류의 에너지 혁명은 여러 물질과 불의 만남을 통해 비약적으로 발전하기 시작했고, 인류 문명은 새로운 물질이 불에 의해 달궈지거나 녹여질 때마다 새로운 차원으로 진화했습니다. 경제 저널리스트 에드 콘웨이Ed Conway는 그의 저서『물질의 세계』에서 우리가 당연하게 여기는 모든 것들이 사실은 거대한 물질과 에너지의 결합이 만들어 낸 산물임을 역설합니다[27]. 그는 "우리가 주변에서 보는 거의 모든 것이 땅에서 나왔다"라고 말하며, 불이 흙을 단단한 토기로, 돌멩이를 빛나는 금속으로 바꾸는 연금술을 가능하게 했음을 보여줍니다.

일례로, 불은 구리와 주석을 녹여 단단한 청동을 탄생시켰고, 더 높은 온도의 불은 철을 다루는 기술로 이어지며 농업 생산력의 폭발과 강력한 군대의 등장을 이끌었습니다. 에드 콘웨이Ed Conway가 지적하듯, 우리가 '모래, 소금, 철, 구리, 석유, 리튬'과 같은 핵심 물질을 채굴하고 제련하는 과정은 곧 막대한 에너지를 통제하고 활용하는 기술의 역사였습니다. 결국, 꺼지지 않는 화덕 옆에서 시작된 인류의 이야기는 오늘날 전 세계의 동력을 공급하는 거대한 에너지 시스템과 지구의 지각을 파헤쳐 문명을 건설하는 물질의 시대로 이어지고 있는 것입니다.

산업혁명을 거치며 석탄과 석유라는 고밀도 효율의 에너지원을 손에 넣게 된 인류는 이전과는 비교할 수 없는 폭발적인 성

국가별 1인당 GDP와 탄소 배출량의 관계(각각의 점이 개별 국가)

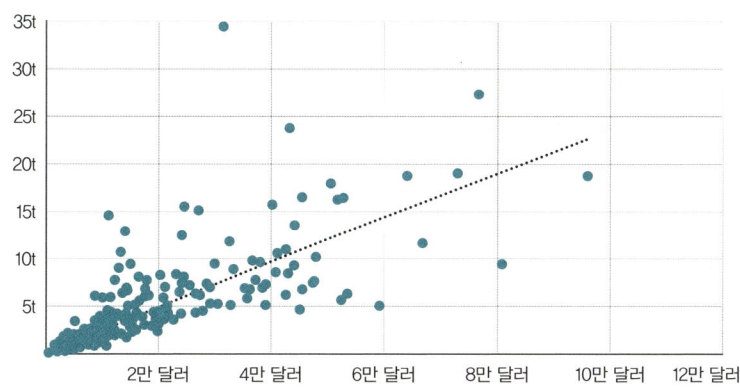

출처: Hannah Archer, The Environment and the Economy: Correlation between CO_2 Emissions and GDP, Medium, 2018.3.5

장을 경험했습니다. 인류가 화석연료에 전적으로 기대어 발전했음을 가장 적나라하게 보여주는 그래프가 있습니다. **국가별 1인당 GDP와 탄소 배출량의 관계** 그래프를 보면 국가의 국내총생산GDP이 높아질수록 탄소 배출량 역시 비례해 증가했음을 알 수 있습니다. 이 그래프는 '부유해지기 위해서는 필연적으로 많은 탄소를 배출해야만 했다'라는 공식을 증명합니다. 동시에 우리가 화석연료 의존에서 벗어나는 것이 얼마나 어려운 과제인지를 역설합니다. 개인과 국가 모두 부를 향한 열망 속에서 더 많은 에너지를 소비하고, 그 결과 탄소 배출량이 급증하는 구조에 갇혀 있었기 때문입니다. 결과적으로 인류는 과거와는 비교할 수 없는 엄청난 부를 축적하게 되었지만 이 풍요에는 값비싼 대가가 따랐습니다. 화석연료가 내뿜는 온실기체는 지구의 기후를 급격하게 변화시키고 있으며, 그 결과 우리는 극한 기상의 급증을 경험하고 있습니다. 문명의 여명기부터 현대에 이르기까지 에너지는 언제나 우리에게 풍요를 선사했지만, 이제 우리는 그 풍요가 요구하는 대가를 정면으로 마주해야 할 시간에 서 있습니다.

에너지 밀도가 결정한 문명의 단계들

화석연료가 필연적으로 온실효과를 일으켜 지구를 뜨겁게 만든다는 사실을 인류는 오래전부터 알고 있었습니다. 실제로 스웨덴의 과학자 스반테 아레니우스Svante Arrhenius는 이미 19세기 말에 석탄 사용이 지구의 온도를 높일 수 있다고 경고했으며[28], 1970년대 최고의 기상학자였던 줄 차니Jule Gregory Charney는 현재의 기후과학 수준에서 봐도 놀라우리만치 정확한 기후 변화 예측을 통해 곧 닥칠 기후위기에 대해 강력히 경고했습니다[29].

과학자들의 연이은 경고에도 불구하고 인류가 화석연료에 심각하게 의존할 수밖에 없었던 근본적인 이유는 아주 간단합니다. 바로 화석연료를 대체할 수 있을 만큼 풍부하고 효율적인 에너지원을 찾을 수 없었기 때문입니다. 원자력 에너지는 너무 위험하기도 했고, 석유처럼 휴대성을 지닌 에너지가 아니어서 인류의 폭발적인 성장의 핵심인 교통과 물류 혁명에 사용될 수 없었습니다. 태양광이나 풍력 같은 재생에너지는 기술력은 있었지만 당시 수준으로는 출력이 상대적으로 낮고 설치에 넓은 면적을 필요로 했기 때문에 문명 성장을 이끄는 주력 에너지원이 되기에는 역부족이었습니다.

결국, 인류는 나무에서 석탄으로, 석탄에서 석유와 천연가스로 이어지는 선택을 통해 문명의 새로운 차원을 열어왔던 것입니다. 중요한 것은 인류 문명사의 변곡점마다 인류는 예외 없이 더 높은 효율의 에너지를 선택해 왔다는 점입니다.

에너지원별 에너지 밀도 표를 보면 석유는 나무에 비해 2.8배, 우라늄은 무려 500만 배나 높은 에너지 밀도를 자랑합니다. 이러

에너지원별 에너지 밀도

에너지원	에너지 밀도 (MJ/kg)	비고
우라늄 – 235	8,060만	핵분열 에너지를 이용하며, 다른 에너지원에 비해 압도적으로 높음
석유(원유)	약 42	휘발유, 경유 등 정제 과정에서 약간씩 차이가 있음
석탄	약 24~33	탄종에 따라 에너지 밀도 편차가 큼(무연탄, 역청탄 등)
나무 (건조 목재)	약 15~18	수분 함량에 따라 에너지 밀도가 크게 변함

출처: 위키백과 - 바이오연료

한 에너지 밀도의 차이야말로 특정 연료가 특정 문명 발전 단계를 가능하게 했는지를 설명하는 핵심입니다. 석탄 없이는 산업혁명이, 석유 없이는 교통 혁명이, 핵에너지 없이는 앞으로 펼쳐질 우주 시대가 불가능할 것입니다. 이제부터 인류 역사에서 중요한 에너지 전환점들을 한번 되짚어 보도록 하겠습니다.

석탄과 첫 번째 에너지 전환: 산업혁명의 시작

13세기 마르코 폴로가 중국에서 목격한 '검은 돌들이 나무처럼 타오르는' 광경은 서구에 석탄의 존재를 알린 최초의 기록 중 하나였습니다. 중국에서는 이미 기원전 200년경부터 석탄 채굴이 시작되었지만[30], 유럽에서 석탄이 본격적으로 사용되기 시작한 것은 16~17세기 목재 부족 때문이었습니다. 1750년 연간 520만t이던 영국의 석탄 생산량은 1850년 6,250만t으로 12배 이상 증가했습니다[31]. 이 놀라운 증가의 배경에는 증기기관의 발명이 있었습니다. 증기기관은 석탄을 연료로 해 광산의 물을 퍼내는 데 사용되었고, 이는 더 깊은 곳의 석탄을 채굴할 수 있게 했습니다. 석탄이 증기기관을 가능하게 했고, 증기기관이 더 많은 석탄 채굴을 가능하게 하는 폭발적인 상호 촉진적 발전이 일어난 것입니다.

석탄은 단순히 연료에 그치지 않았습니다. 코크스Coke로 가공된 석탄은 철 제련을 가능하게 했고, 이는 철도와 공장 기계, 그리고 현대 도시의 기반이 되었습니다. 1781년 세번강에 건설된 아이언 브리지Iron Bridge는 값싼 철로 만든 최초의 대형 교량이었으며, 이후 철도와 증기선이 영국의 수출품을 전 세계로 실어 나르는 운송 혁명을 일으켰습니다. 이렇게 에너지와 물질 혁명이 거대한 시너지를 내며 세상은 빠르게 변해갔습니다.

석유와 두 번째 에너지 전환: 미국의 부상

1859년 펜실베이니아 타이터스빌에서 에드윈 드레이크Edwin Laurentine Drake가 첫 번째 상업적 유정을 시추한 것은 인류 문명사에 또 다른 전환점이 되었습니다. 드레이크는 단순한 철도 기관사였지만, 석유 시추에 인생을 바쳤습니다. 사람들은 그를 '어리석은 드레이크'라고 놀렸으나 마침내 세계 최초의 상업 유정 확보에 성공했고 증기기관 시대의 주역이던 석탄은 석유에 주도권을 내주게 됩니다. 석유는 단순히 석탄보다 50% 이상 높은 에너지 밀도를 가진 연료 그 이상이었습니다. 고체 상태로 수많은 인력과 공간을 요구했던 석탄과 달리, 액체인 석유는 파이프라인으로 손쉽게 운송하고 탱크에 간단히 저장할 수 있는, 비교할 수 없이 유연한 에너지였습니다.

이러한 석유의 잠재력은 내연기관Internal Combustion Engine의 발명과 만나며 폭발했습니다. 증기기관이 외부에서 물을 끓여 그 증기압으로 동력을 얻는 방식이었다면, 내연기관은 실린더라는 좁은 공간 내부에서 직접 연료를 폭발시키는 방식이었습니다. 기화된 소량의 석유가 공기와 섞여 압축된 뒤, 점화 플러그의 작은 불꽃 하나로 강력한 폭발을 일으키며 피스톤을 밀어내는 방식 덕분에 엔진은 소형화되면서도 강력한 출력을 낼 수 있었습니다.

결국, 내연기관과 석유의 만남은 인류의 공간과 시간 개념을 재정의하는 교통 혁명을 촉발했습니다. 자동차는 정해진 철로 위만 달려야 했던 기차의 제약에서 인류를 해방시켰고, 개인에게 전례 없는 이동의 자유를 선사했습니다. 트럭은 공장에서 소비자의 문 앞까지 상품을 실어 나르며 산업 경제의 모세혈관 역할을 했고, 그 결과 복잡한 글로벌 물류 공급망의 탄생을 가능하게 했습니다. 항공기는 대륙과 대양의 경계를 무너뜨리며 지구를 하나의 생활권으로 묶었고, 인류의 활동 무대를 하늘까지 넓혔습니다.

결과적으로 석유 기반의 교통 혁명은 단순히 '이동 수단'의 변화를 넘어섰습니다. 상품, 자본, 사람이 이전과 비교할 수 없는 속도와 규모로 움직이면서 글로벌 교역망이 촘촘하게 얽히기 시작했고, 이를 주도한 국가들은 막대한 부를 빠르게 축적하며 세계 경제의 패권을 쥘 수 있었습니다.

즉, 석유의 발견과 대량 생산은 20세기 내내 미국을 세계 제1의 강대국으로 만든 핵심 기반이 되었습니다. 텍사스를 중심으로 폭발적인 원유 생산을 주도한 미국은 제2차 세계대전까지 전 세계 석유의 3분의 2 이상을 생산하며 연합국의 승리를 이끌었고,

전후 세계 경제 재편 과정에서도 막강한 영향력을 행사했습니다.

하지만 영원할 것 같던 미국의 독주는 1970년대에 중대한 전환점을 맞이합니다. 미국 내 원유 생산이 정점에 달하고 감소하기 시작한 것입니다. 중동 국가들은 막대한 매장량을 바탕으로 생산량을 급격히 늘리기 시작했습니다. 특히 사우디아라비아를 필두로 한 석유수출국기구OPEC가 1973년 제1차 오일 쇼크를 일으키며 석유를 무기화하자, 세계 석유 시장의 주도권은 완전히 중동 산유국으로 넘어가게 되었습니다. 이때부터 미국은 최대 생산국에서 최대 수입국으로 전환되었고, 사우디아라비아와 러시아(당시 소련) 등에 수십 년간 제1의 산유국 자리를 내주어야 했습니다.

이러한 상황은 2000년대 후반, 수평 시추와 수압 파쇄 기술을 결합한 셰일 혁명이 일어나면서 극적으로 반전되었습니다. 미국은 이를 통해 다시 한번 폭발적으로 생산량을 늘리며 2018년 무렵 사우디아라비아와 러시아를 제치고 세계 제1의 산유국 자리를 되찾게 되었습니다.

이처럼 석유는 지난 한 세기 동안 산업의 혈액이자 현대 문명을 떠받치는 물질적 기반 그 자체였습니다. 우리가 매일 사용하는 플라스틱, 도로를 덮은 아스팔트, 식량 생산을 획기적으로 늘린 화학 비료에 이르기까지, 석유는 단순히 자동차를 움직이는 연료를 넘어 우리 삶의 모든 영역에 깊숙이 스며들었습니다.

석유는 인류에게 눈부신 번영과 풍요를 안겨준 검은 황금Black Gold이었지만, 그 빛이 강렬한 만큼 그림자 또한 짙게 드리웠습니다. 한정된 자원을 둘러싼 끝없는 지정학적 갈등의 씨앗이 되었으며, 그 무분별한 사용은 오늘날 인류가 직면한 가장 큰 위협인 기후위기라는 부메랑으로 돌아오고 있습니다.

원자력과 세 번째 에너지 전환: 무한 에너지의 꿈

인류의 문명이 화학적 결합을 통해 타오르는 '첫 번째 불'을 길들이면서 시작되었다면, 1942년 엔리코 페르미가 시카고에서 인류 최초의 핵 반응로를 가동한 순간은 인류가 '두 번째 불'을 발견하는 순간이라 해도 과언이 아닙니다. 이것은 원자핵 내부의 근본적인 힘을 풀어내는 핵분열의 불꽃이었습니다. 우라늄 1g이 석탄 3t이 내는 에너지를 생산할 수 있다는 사실은, 에너지 밀도 면에서 이전의 모든 연료를 압도하는 혁명적 발견이었습니다.

한동안 주춤했던 원자력 에너지는 최근 에너지 안보와 탄소 중립 목표 달성을 위한 현실적인 대안으로 재조명받으며 새로운 부흥기를 맞이하고 있습니다. IEA는 2025년 세계 원자력 발전량이 사상 최고치를 기록할 것으로 전망했습니다. 이는 일본의 원전 재가동, 프랑스의 정비 완료, 그리고 중국, 인도, 대한민국 등지에서 신규 원자로가 상업 운전을 시작한 데 따른 결과입니다. 현재 원자력은 수력 발전에 이어 두 번째로 큰 저탄소 전력원으로, 전 세계 전력의 약 10%를 안정적으로 공급하고 있습니다. 이러한 흐름에 발맞춰 유럽연합EU 역시 원자력을 탄소중립 달성에 필요한 녹색 에너지원으로 공식 분류하며 그 중요성을 인정했습니다.*

이러한 흐름의 중심에는 기술 혁신, 특히 소형 모듈형 원자로 SMR가 있습니다. SMR은 대형 원전보다 건설 기간이 짧고 비용을 절감할 수 있으며, 안전성이 뛰어나다는 평가를 받습니다. 이 때문에 민간 부문의 관심이 뜨거우며, 데이터센터나 인공지능AI과 같이 24시간 안정적인 대규모 전력이 필요한 산업에 최적화된 에너지원으로 주목받고 있습니다. IEA는 적절한 정책 지원이 이어진다면 첫 상업용 SMR이 2030년경 가동을 시작하고, 2040년까지 SMR 설치 용량이 전 세계 원자력 발전 용량의 약 10%인 80GW에 이를 수 있다고 분석했습니다[32].

물론 과제도 남아있습니다. 현재 신규 원자로 건설은 중국과 러시아에 집중되어 있어 기술 공급망의 편중 문제가 존재합니다. 또한, 핵연료인 우라늄 농축 시설의 99%가 단 4개국에 집중되어 있다는 점도 공급망의 잠재적 위험 요소로 지적됩니다. 이러한 지정학적 리스크를 완화하고, 민간 투자를 활성화하기 위한 정부의 전략적 비전과 안정적인 정책 지원이 그 어느 때보다 중요해지고 있습니다.

---

* EU 녹색 텍소노미Green Taxonomy는 어떤 경제 활동이 환경적으로 지속 가능한지 분류하는 체계입니다. 원래 재생 에너지 중심이었던 EU 텍소노미에 2023년부터 원자력 발전이 안전한 폐기물 처리를 전제로 포함되게 되었습니다.

지구 평균 기온이 1.5℃를 넘어서고 있는 2025년, 지금 당장 탄소 배출을 줄이지 않으면 안 된다는 강력한 경고음이 지구촌 곳곳에서 울리고 있습니다. 인류가 당면한 기후위기가 점점 더 선명하게 그 실체를 드러내고 있는 것입니다. '2050 탄소중립'은 더 이상 인류가 물러서면 안 되는 절대적인 목표가 되었습니다. 하지만 우리가 기후위기 대응의 한 축으로 기대하는 SMR과 신규 대형 원전은, 기술적 잠재력에도 불구하고 현실적인 한계를 가집니다. 첫 상업용 SMR의 가동은 2030년경으로 예상되며, 대규모로 건설되어 실질적인 탄소 감축 효과를 내기까지는 최소 10년 이상의 시간이 더 필요합니다. 따라서 재생에너지 중심으로 빠르게 탄소 배출을 줄여나가는 일은 바로 지금 우리에게 요구되는 시대적 사명입니다. 그러나 한편으로는 지금까지 인류 문명의 자연스러운 흐름이 고밀도 에너지로의 전환이었음을 잊어서는 안 됩니다. 결국 인류의 우주로 나아가고자 하는 끝없는 욕망은 더욱 강력한 고밀도의 에너지를 추구할 수밖에 없게 만들 것입니다.

저는 인류 문명의 미래를 책임질 궁극적인 에너지는 결국 핵융합이 될 것이라 확신합니다. 대부분의 전문가는 핵융합이 상용화될 경우, 바닷물에서 추출할 수 있는 중수소와 리튬을 원료로 사용해 사실상 무한한 연료 공급이 가능하고, 고준위 방사성 폐기물이 발생하지 않으며, 폭발이나 노심용융 같은 사고의 위험이 원천적으로 없다는 점에서 궁극의 에너지원이 될 것이라는 데 동의합니다. 프랑스에 건설 중인 국제핵융합실험로ITER 프로젝트를 비롯한 여러 연구에서 기술적 진전이 이루어지고 있지만, 전문가들은 핵융합을 통한 대규모 상업 발전이 현실화하는 시기를 대체로 2050년 이후로 보고 있습니다[33].

카르다쇼프 척도: 문명의 역설과 전환점

1964년 소비에트 천체물리학자 니콜라이 카르다쇼프Nikolai Kardashev는 인류 문명의 발전 단계를 에너지 사용량으로 정의하며 시대를 초월한 척도를 제시했습니다[34]. 그의 비전은 원대했습니다. 그의 이론에서 Type I 문명은 행성 전체의 에너지를, Type II 문명은 항성의 에너지를, Type III 문명은 은하 전체의 에너지를 활용할 수 있는 수준을 의미합니다.

이후 후속 연구들에서 추정한 바에 따르면, 현재 인류는 카르다쇼프 척도 약 0.73 수준에 머물러 있으며, 척도 1을 넘어 Type I 문명에 이르기까지는 아직 100~200년의 시간이 걸릴 것으로 보고 있습니다. 카르다쇼프 척도가 행성-별-은하로 이어지는 끝없는 에너지 확대를 전제했지만, 현실의 지구 문명($K \approx 0.73$)은 행성 에너지를 안전하게 다루기는커녕, 오히려 그 사용으로 인해 한계에 부딪히고 있기 때문입니다.

인류가 선택했던 화석연료는 그 이전의 어떤 에너지원보다 압도적인 에너지 밀도를 자랑하며 인류 문명의 폭발적인 발전을 가능케 했습니다. 그러나 이 고밀도 에너지를 많이 사용할수록 지구는 온실효과로 인해 돌이킬 수 없는 기후 변화라는 치명적인 대가를 치르게 되었습니다. 결국 인류는 이 딜레마를 해결하지 못한 채, 행성 단계를 제대로 마치기도 전에 자멸할 수 있는 절체절명의 위기에 처해버린 것입니다. 우리는 문명의 생존을 건 거대한 전환점에 서 있습니다.

인류가 지금의 지구 지속가능성 위기를 2050년쯤에 극복하고 카르다쇼프가 내다본 행성을 초월한 존재로 진화할 수 있을까요? 결국 이는 궁극의 에너지 밀도를 제공하는 핵융합이 상용화되는 2050년 이후가 될 텐데, 과연 인류는 이 시기를 버텨낼 수 있을까요? 2050년 이후 인류에게 어떤 미래가 펼쳐질지 너무 궁금하지만, 일단 지금 우리에게 필요한 것은 "부자가 되려면 탄소를 많이 배출해야 한다"라는 과거 서사를 걷어내고 저밀도, 무탄소 에너지 체계로의 전환을 가속해 지구 한계선 안에서 번영을 지속하는 선택입니다. 이 위기를 극복하지 않으면 다음 단계의 문명은 없을 것은 자명해 보이기 때문입니다.

다음 단계의 문명으로 넘어가는 데 필요한 남은 수십 년은 인류에게 '죽음의 계곡Valley of Death'과도 같습니다. 결국 이 위기의 계곡을 버텨낼 힘은, 지금 당장 우리가 가장 빠르게 대규모로 확충할 수 있는 재생에너지에서 나올 수밖에 없습니다. 태양광과 풍력이 가진 간헐성이라는 본질적 한계와 싸우면서도, 인류는 앞으로 수십 년간 에너지 시스템의 근간을 재생에너지로 전환하는 거

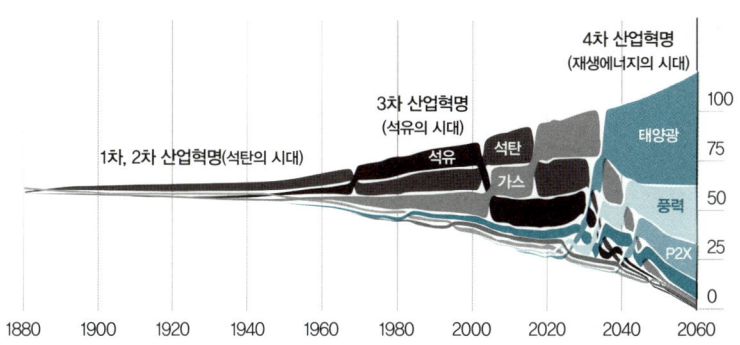

인류가 사용해 온 주 에너지원 변화 양상 및 예시

4차 산업혁명
(재생에너지의 시대)

3차 산업혁명
(석유의 시대)

1차, 2차 산업혁명(석탄의 시대)

석유
석탄
가스
태양광
풍력
P2X

100
75
50
25
0

1880 1900 1920 1940 1960 1980 2000 2020 2040 2060

그래프에서 가장 상단에 위치한 에너지원이 그 시대의 가장 주요한 비중을 차지한
에너지원이다. 2024년 이후는 IEA의 넷제로 시나리오(NZE)에 근거한 예상 수치다.
Y축은 전 세계 에너지 사용량(단위: 1000Twh).

출처: The Economist, Dawn of the Solar Age, 2024. 6. 22.

대한 도전에 나서야만 합니다. **인류가 사용해 온 주 에너지원 변화 양**
상 및 예시 그래프에 제시된 IEA의 미래 에너지 수요 예측과 같이
2024년 이후에는 미래 재생에너지의 급격한 확대가 현실이 되어
야만 한다는 말입니다. 다른 대안이 없습니다. 이 과정에서 원자력
은 매우 중요한 보완적 역할을 수행해야 합니다. 즉, 재생에너지가
흔들릴 때 전력망의 붕괴를 막아주는 안정적인 무탄소 기저 전력
으로서, 우리가 이 힘겨운 전환을 지속할 수 있도록 돕는 '안전판'
이 되어야 하는 것입니다. 핵융합이라는 미래에 도달하기 위해, 인
류는 재생에너지라는 돛을 달고 원자력이라는 튼튼한 선체에 의

지해 위기의 바다를 건너야만 하는 절체절명의 과제를 안고 있습니다.

희망적인 사실은 2010년을 기점으로 낮은 에너지 밀도에도 불구하고 재생에너지가 빠르게 확산하며 대세가 되고 있다는 점입니다. 이는 현대 문명사적인 대전환 시기에 인류가 저밀도 에너지원으로의 회귀를 선택했음을 보여주는 명백한 증거이자 이 책에서 제가 '멸종은 없다'라고 주장하는 근거이기도 합니다.

이러한 선택은 결코 퇴보가 아닙니다. 이는 인류 문명이 지속 가능한 미래를 위해 숨을 고르고, 다음 단계로의 진정한 도약을 위해 기반을 단단히 다지는 과정입니다.

아무도 예측 못한
태양광의 급성장

석탄을 박물관으로!

2020년 12월, 경제 전문지 이코노미스트는 박물관 유리 전시관 안에 '과거의 유물'처럼 석탄 한 덩이가 놓여 있는 그림을 표지에 실었습니다. 이는 단순한 상징을 넘어, 인류가 나아가야 할 방향을 명확히 제시한 것입니다.

미래학자 제레미 리프킨Jeremy Rifkin이 그의 저서 『글로벌 그린 뉴딜』[35]에서 경고했듯, 인류 문명을 지탱해 온 화석연료 산업은 인류 역사상 가장 거대한 '경제 거품' 붕괴 직전에 있습니다. 그는 머지않아 석탄, 석유, 가스는 땅속에 매장된 채로 아무도 채굴하지 않는 '좌초자산Stranded Assets'이 될 것이라 예견하고, 과감하게 그 시점에 대해 2028년경이 될 것이라고 예언했습니다. 불과 몇 년 남지 않은 미래에 화석연료 시대가 끝이 난다는 말은 우리의 간담을 서늘하게 합니다. 아직 우리는 준비가 턱없이 부족하기 때문입

출처: The Economist, Making coal history, 2020. 12. 5.

니다. 그러나 이 전환의 흐름에 올라타지 못하면 도태될 뿐, 우리에게 더 이상 다른 선택지는 없습니다.

　책을 집필하면서 몇 년 전에 읽었던 책을 다시 꺼내보고는 소름이 돋을 정도로 놀란 경험이 있습니다. 바로 미래학자 토니 세바Tony Seba가 2015년에 펴낸 『에너지 혁명 2030(원제: Clean Disruption of Energy and Transportation)』[36]입니다. 책이 처음 나왔을 때만 해도 그의 주장은 다소 과격하게 들렸습니다. 2030년까지 태양광이 전 세계 에너지를 주도하고, 전기차가 내연기관차를 완전히 대체하며, 이 모든 과정이 기술의 발전으로 순식간에 일어날 것이라는 예측 말입니다.

10년이 지난 2025년, 그의 예측은 더 이상 먼 미래의 시나리오가 아니라 우리가 매일 뉴스로 접하는 '현실'이 되어가고 있습니다. 그가 말했던 에너지와 운송 분야의 거대한 파괴적 혁신이 이미 우리 눈앞에 펼쳐지는 것입니다. 영원할 것만 같았던 필름 카메라*가 디지털 카메라로 대체되고 코닥이 망하는 데는 3년이 채 걸리지 않았던 것처럼 기술 혁신은 종종 점진적인 변화가 아닌 빠르고 완전한 붕괴를 가져옵니다.

오늘날 태양광과 풍력 에너지는 이미 많은 지역에서 화석연료보다 저렴한 에너지원이 되었으며, 그 효율은 지금도 빠르게 좋아지고 있습니다.

물론, 국제 기후 협상 테이블에서 보이는 각국의 이기주의나 시대에 역행하는 듯한 정책들을 보며 깊은 회의감에 빠질 수도 있습니다. 최근 몇 년간 지속된 코로나 팬데믹과 연이어 터진 우크라이나-러시아 전쟁은 전 지구적인 에너지 전환의 발목을 잡는 악재가 되기도 했습니다.

하지만 역설적으로 이렇게 전 세계가 주춤하는 사이, 전환 속도가 유독 느렸던 대한민국에는 격차를 만회할 수 있는 절호의

---

*   필름 카메라는 1888년 코닥에 의해 처음 세상에 도입되었습니다.

'기회의 창'이 열렸습니다. 물론 우리가 이 기회를 살려 에너지 전환에 전력을 다해 몰입한다는 가정하에서 말입니다.

화석연료의 시대가 빠르게 저물고 있음을 인류에게 확신시켜주는 역사적인 사건이 2024년에 일어났습니다. 2024년 9월, 영국의 마지막 석탄화력발전소인 래트클리프온소어 발전소가 문을 닫은 것입니다. 1882년 런던에 세계 최초의 석탄화력발전소가 가동된 지 무려 142년 만의 일이었습니다.

우크라이나-러시아 전쟁으로 유럽의 에너지 수급이 녹록지 않은 상황에서도 영국이 이러한 용기 있는 선택을 한 이유는 명확합니다. 전 세계적으로 빠르게 진행되는 재생에너지 중심의 에너지 전환 흐름을 영국이 선도하고자 함입니다. 석탄과 증기기관으로 산업혁명을 주도하며 인류 문명의 가장 빠른 성장을 이끌었던 영국은 1980년대 말까지만 해도 전력의 60% 이상을 석탄에 의존했지만, 불과 30여 년 만에 석탄을 퇴출했습니다. 이는 실로 놀라운 성과가 아닐 수 없습니다.

G7 기후·에너지·환경 장관들이 온실기체 감축을 위해 늦어도 2035년까지 석탄화력발전소를 폐쇄하기로 합의한 지 수개월 만에, 영국은 '탈석탄'이라는 목표를 가장 먼저 실현한 선진국이 되었습니다.

석탄이 퇴장하는 이유

석탄이 역사의 뒤안길로 사라지는 이유는 무엇일까요? 과거에는 1952년 런던 스모그 사태와 같은 심각한 대기오염 문제가 환경 규제 강화와 석탄 사용량 감소를 이끌었습니다.

하지만 오늘날 석탄의 퇴장은 단순한 환경 위기와 기후위기 극복 의지 때문만은 아닙니다. IEA는 2024년을 전 세계 석탄 사용량이 정점을 찍고 감소세로 전환되는 시점이 될 것으로 전망했습니다. 이는 재생에너지 발전 단가가 놀라울 정도로 하락했기 때문입니다. 2010년 와트당 2달러에 육박하던 태양광 모듈 가격은 2023년 0.2달러 밑으로 떨어졌으며, 풍력 발전 비용 역시 크게 낮아졌습니다[37]. 이제 재생에너지는 석탄이나 그 어떤 화석연료로 생산하는 전기보다 더 저렴한 전력을 공급하는 '경제성'을 갖추게 된 것입니다.

이러한 경제적 우위에 힘입어 유럽의 탈석탄 및 친환경 에너지 전환은 계속해서 강력한 의지를 보입니다. 영국 정부는 2008년 세계 최초로 기후 변화 법을 제정한 이후, 2012년 전력의 약 40%를 차지하던 석탄 발전 비중을 2024년 0%로 만드는 데 성공하며 탈석탄 정책의 모범을 보였습니다.

결국 석탄 시대의 종말은 자원이 없어서가 아닙니다. 더 뛰어나고 저렴한 대안이 등장했기 때문입니다. 역사를 돌이켜보면, 석기 시대는 돌이 부족해서 끝난 것이 아닙니다. 더 효율적인 청동기가 나오는 순간 삽시간에 시대가 바뀌었습니다. 집마다 한 대씩 있던 유선 전화기가 핸드폰의 등장과 함께 한순간에 사라졌듯이 말입니다. 화석연료의 시대 역시 자원의 고갈이 아닌 새로운 기술의 등장으로 그 막을 내리고 있는 것입니다.

태양광 시대의 도래: 무탄소 전원의 꿈은 실현될 것인가?

화석연료에 의존해 인류가 살아간다면 대다수의 국가가 심각한 기후위기로 인해 생존의 위협을 받으리라는 것은 이제 의심할 여지가 없습니다. 핵에너지 사용은 사용 후 핵연료 처리와 안전 문제가 여전히 해결되지 않았고, 핵융합의 경우 2050년 이후에나 상용화될 것입니다. IPCC는 국제적으로 합의한 1.5℃ 마지노선을 지키기 위해, 2030년까지 온실기체 배출량을 2019년 대비 최소 43% 감축하고 2050년경에는 탄소중립에 도달해야 한다고 강력히 경고합니다.* 이처럼 엄격한 시간제한 속에서 인류는 수 세기 동안 오르기만 했던 '에너지 밀도'의 사다리를 스스로 내려와, 저밀도 에너지원인 태양광으로 회귀하도록 강요받게 되었습니다.

이는 명백한 역사적 변곡점입니다. 태양광 발전은 전력을 생

---

* IPCC의 이러한 논리의 허점에 대해서는 1장의 '기후위기 시계와 티핑 포인트의 진실'에서 다룬 바 있습니다.

산하는 데 원자력 발전보다 수십 배 더 넓은 면적의 토지가 필요합니다. 과거의 발전 논리로 보면 이는 명백한 퇴보처럼 보입니다. 하지만 이 선택은 주어진 제약 조건**에서 내릴 수 있는 가장 합리적인 전략입니다. 그리고 이 전략이 현실적으로 가능한 이유는 1936년 항공우주 엔지니어 시어도어 라이트Theodore Wright가 발견한 '라이트의 법칙Wright's Law' 덕분입니다[38].

라이트의 법칙은 "누적 생산량이 두 배가 될 때마다, 비용은 일정한 비율로 감소한다"라는 원리입니다. 이는 '실행을 통해 배운다We learn by doing'라는 진리를 경제학적으로 정량화한 것으로, 더 많이 만들수록 생산 공정이 최적화되고 기술이 개선되어 비용이 예측할 수 있게 하락함을 의미합니다.

태양광 발전의 최근 비약적 발전은 라이트의 법칙을 가장 극적으로 보여주는 사례입니다. 1976년 와트당 106달러에 달했던 태양광 모듈 가격은, 40여 년이 지난 지금 0.4달러 이하로 떨어지며 무려 99.6%의 경이적인 비용 하락을 기록했습니다[39]. 이 기간 태양광은 누적 설치 용량이 두 배가 될 때마다 가격이 20% 이상씩 꾸준히 하락하는 일관된 '학습률Learning rate'을 보여주었습니다.

글로벌 태양광 설비 용량 확대 추이를 보면 전 세계 재생에너지 시장이 얼마나 폭발적으로 성장했는지 알 수 있습니다. 2023년

** 급박한 기후위기의 현실을 의미합니다. 4장 '에너지 밀도가 결정한 문명의 단계들'에서 자세히 다루었습니다.

글로벌 태양광 설비 용량 확대 추이

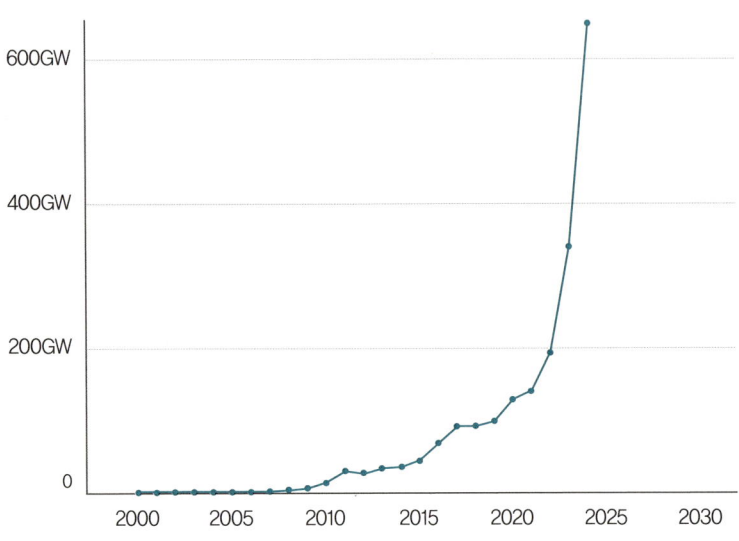

출처: IEA; Energy Institute; BloombergNEF

전 세계 재생에너지 설비 용량은 역대 최대 성장률인 15.1%를 기록하며 누적 설치용량 기준 4,448GW에 달했습니다. 국제재생에너지기구IRENA에 따르면, 태양광 및 풍력 에너지 확대로 인해 2023년 한 해 동안 585GW의 전력이 추가되었습니다[40]. 보통 원자력 발전소 1기의 설비용량을 1.4GW로 잡으니 놀라운 성장이 아닐 수 없습니다.

화력발전소나 원자력 발전소의 경우 이렇게 빠른 설비용량 확대가 근본적으로 불가능합니다. 그 원인은 재생에너지의 경우

2부 거대한 전환, 유일한 인류의 희망

연료비가 들지 않는다는 데 있습니다. 석탄이나 천연가스 발전소의 총비용에서 상당 부분은 지속적으로 채굴해야 하는 '연료' 자체가 차지하며, 석탄화력발전소를 아무리 효율적으로 만들더라도 라이트의 법칙이 적용되지 않는 높은 고정 비용 요소를 근본적으로 포함하고 있습니다. 원자력 발전소 역시 대량 생산되는 공산품이 아니라, 하나하나가 고유하게 설계되는 거대한 단일 구조물이

리튬이온 배터리 가격

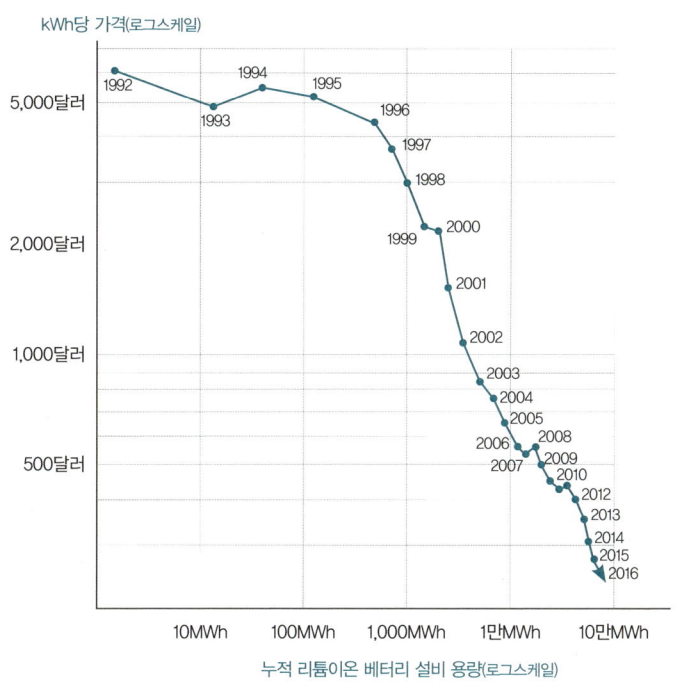

출처: Our World in Data

기에 반복 학습을 통한 비용 절감 효과가 발생하기 어렵습니다. 반면, 태양광 패널은 반도체처럼 공장에서 대량으로 찍어내는 공산품입니다. 연료비는 '0'이며, 비용의 대부분이 제조 기술에 의해 결정되므로 생산량이 늘어날수록 라이트의 법칙에 따라 비용이 기하급수적으로 하락하는 것입니다. 이뿐만이 아닙니다. 해가 뜨지 않으면 발전이 안 된다는 태양광의 치명적인 약점을 보완해 줄 배터리 가격 역시 라이트의 법칙을 따르는 몇 안 되는 기술입니다.

결국 라이트의 법칙은 에너지 전환이 환경적 당위를 넘어, 이제는 거스를 수 없는 경제적 필연이 되었음을 보여줍니다. 우리는 연료 기반의 에너지 경제에서 기술 기반의 에너지 경제로 이동하는 거대한 전환을 목격하고 있으며, 태양광은 그 선두에 서 있습니다.

글로벌 배출량 정점이 다가오고 있다

현재 인류의 연간 탄소 배출량은 약 378억 톤 수준입니다. 중요한 것은 이것이 '연간' 배출량이라는 점입니다. 매년 이만큼의 이산화탄소를 대기 중에 새롭게 배출하고 있다는 뜻이죠.

지금까지 이 연간 배출량은 매년 증가해 왔습니다. 대공황, 세계대전, 석유파동, 경제 위기 등이 닥치면 잠시 주춤했지만 전반적으로는 꾸준히 우상향해 왔습니다. 유일한 예외는 코로나19 팬데믹으로 연간 배출량의 5% 정도가 감소했습니다. 그러나 팬데믹이 끝나자마자 다시 반등했습니다. "코로나도 막지 못한 인류의 탄소 중독"이라고 할 수 있습니다.

비록 전 세계 탄소 배출량이 2024년 또다시 새로운 최고치를 기록했지만, 그 증가율은 전반적으로 둔화하고 있으며, 2025년경 정점을 찍은 후 본격적인 감소세에 접어들 것으로 전망됩니다. IEA의 최신 보고서들은 인류 역사상 처음으로 화석연료 시대의 구조적 종말이 시작되고 있음을 보여주는 명확한 증거들을 제시

글로벌 탄소 배출량 추이

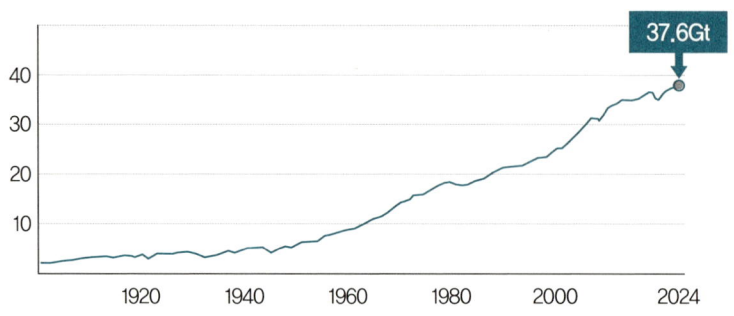

37.6Gt

출처: IEA

합니다[41]. AI 산업 폭발이라는 새로운 변수가 출현했음에도 불구하고, 선진국들이 이미 배출량 절대 감소기에 접어들었고, 중국마저 2030년보다 훨씬 이른 시기에 배출량 정점을 찍을 것으로 예측되면서, 전 지구적 탄소 배출량의 역사적 전환점이 임박했다는 분석이 설득력을 얻고 있습니다.

IEA 시나리오

IEA 전문가들의 예측에 따르면, 화석연료 수요는 깨끗한 에너지로의 전환 속도에 따라 다르지만, 대체로 2030년 이전에 정점을 맞이할 것으로 예상됩니다. 이러한 예측은 IEA가 자체 개발한 공신력 있는 미래 기후 시나리오에 기반합니다. IEA는 미래를 크게 세 가지 시나리오로 나누어 제시합니다.

1. STEPS STATED POLICIES SCENARIO: 현재 각국의 정책과 시장 상황이 그 대로 유지된다고 가정한 미래
2. APS ANNOUNCED PLEDGES SCENARIO: 각국 정부가 자발적으로 발표한 기후 정책 목표가 달성된다고 가정한 미래
3. NZE NET ZERO EMISSIONS BY 2050 SCENARIO: 파리기후협약의 2050 탄소 중립 목표 이행을 위해 전 세계가 총력을 다한다고 가정한 미래

IEA가 제시한 시나리오들은 현재 정책(STEPS)에서조차 화석 연료 수요가 2030년까지 정점을 맞고, 더 야심 찬 목표(APS, NZE)에서는 더 일찍 도달할 것으로 봅니다. 지역별로 차이가 크지만 (예: 중국, 미국의 조기 피크 vs. 아프리카, 중동의 성장), 청정에너지 투자 증가(연 2조 달러)가 피크를 앞당기는 주요 요인입니다.

2024년은 AI 산업의 폭발적 성장과 역대 최고 기온 경신이 이어진 특별한 한 해였습니다. 글로벌 탄소 배출량은 0.8% 증가해 378억 톤으로 사상 최고치를 기록했지만, 이는 지난 고성장기(2005년~2014년 연평균 1.9%)와 비교하면 확연히 둔화한 성장세를 보여줬습니다. AI 데이터센터의 전력 소비 급증(415TWh)과 극한 폭염으로 인한 냉방 에너지 폭증(208TWh 추가)이라는 이중 충격에서 나온 결과라는 점에서 더욱 의미가 큽니다[42]. 실제로 같은 기

화석연료별 피크 예상 연도와 이후 추세 전망

연료	시나리오	피크 예상 연도	피크 후 추세
석탄	STEPS	2030년경(일부 지역 이미 도달)	2050년까지 45% 감소 중국은 수년 내 피크
	APS	2025년까지	2050년까지 75% 감소
	NZE	2025년경	2050년까지 90% 이상 감소
석유	STEPS	2030년경	2050년까지 2023년 대비 6mb/d 낮아짐 미국은 2030년 이후 급감
	APS	2030년까지	2035년까지 17% 낮아짐 인도는 2030년대 피크
	NZE	2030년까지	급격한 감소 2035년 58mb/d, 2050년 40mb/d
천연 가스	STEPS	2030년경	천천히 감소 또는 정체 신흥 시장 수요 강세 2030년 공급 잉여 130bcm
	APS	2030년까지	2035년까지 17% 낮아짐 2050년 2,466bcm 라틴아메리카는 2025년경 피크
	NZE	2030년까지	연 5~6% 감소 2030년 LNG 이용률 60% 미만 저배출 수소로 대체

간 전 세계 GDP가 연평균 3%씩 성장한 것을 고려하면, 경제 성장과 탄소 배출의 완전한 분리Decoupling가 구조적으로 진행되고 있음을 알 수 있습니다. IEA는 2019년 이후 태양광, 풍력, 원자력, 전기차, 히트펌프 등의 보급으로 연간 26억 톤의 탄소 배출이 회

피되고 있다고 분석했으며, 청정에너지가 없었다면 2024년 배출량 증가율이 현재의 3배인 2.4%에 달했을 것으로 추정했습니다.

선진국과 중국, 배출량 감소를 이끌다

선진국들은 이미 탄소 배출량 절대 감소의 새로운 단계에 진입했습니다. 2023년 선진국 전체의 탄소 배출량이 520Mt 감소해 기록적인 감소 폭을 나타냈으며, 이는 경기 침체 없이 달성된 사상 최대 규모의 감소입니다. 선진국의 배출량은 현재 50년 전 수준으로 돌아갔고, 석탄 사용량은 1900년경 수준까지 떨어졌습니다.

EU는 가장 가파른 감소세를 보이고 있습니다. 2024년 탄소 배출량이 전년 대비 2.9% 감소했고, 2023년에는 1990년도 대비 8.5%라는 극적인 감소를 기록했습니다[43]. 전력 부문 배출량만으로는 2024년에 전년 대비 17% 감소했으며, EU 전체 탄소 배출량에서 전력 부문이 차지하는 비중이 19%까지 낮아졌습니다. 이는 풍력과 태양광 발전량 급증, 수력 발전량 회복, 원자력 가동률 증가가 복합적으로 작용한 결과입니다.

미국은 2000년 배출량 정점 이후 지속적인 감소 추세를 보이고 있습니다. 2024년 0.5% 감소, 2023년 4.1% 감소를 기록했으며, 정점 대비 거의 10억 톤의 탄소 감축을 달성해 전 세계에서 가장 큰 절대 감축량을 보여주고 있습니다. 석탄 화력 발전량이

60년 만에 최저치를 기록했고, 태양광과 풍력 발전량이 처음으로 석탄을 넘어섰습니다[44].

영국은 더욱 극적인 변화를 보이고 있습니다. 2024년 배출량이 3.6% 감소, 2023년에는 5.4% 감소해 배출량이 빅토리아 시대 수준까지 떨어졌습니다. 석탄 사용량은 2024년 54% 급감해 1666년 이후 최저치를 기록했고, 마지막 석탄 화력발전소가 폐쇄되면서 산업혁명 발상지에서 석탄 시대가 공식 종료되었습니다. 가장 주목할 변화는 중국의 탄소 배출량이 공식 목표인 2030년보다 5~7년 앞당겨져 이미 정점을 찍었거나 아주 임박했다는 소식이 전해지고 있는 점입니다[45].

이러한 전망의 근거는 중국의 기록적인 재생에너지 확산에 있습니다. 2024년 중국은 태양광 277GW, 풍력 79GW를 신규 설치해 각각 전년 대비 28%, 5% 증가했습니다. 풍력과 태양광 총용량이 1,206GW에 달해 2030년 목표를 6년 앞당겨 달성했고, 비 화석연료 발전 용량이 화석연료 용량을 넘어섰습니다[46]. 2025년 1분기에는 처음으로 청정 전력 발전량 증가가 전력 수요 증가를 넘어서는 역사적 순간이 되었습니다. 정말 놀라운 재생에너지 확산 속도가 아닐 수 없습니다.

경제 구조 변화도 가속화되고 있습니다. 중국의 청정에너지 산업이 2024년 처음으로 GDP의 10%를 넘어섰고, 전기차, 배터리, 태양광 발전에 연간 1조 9,000억 달러를 투자하고 있습니다. 신에너지차 시장점유율이 2023년 31.6%에 달해 2025년 목표인

20%를 2년 앞당겨 달성했습니다[47].

2025년 배출량 정점의 의미

IEA는 전 세계 탄소 배출량이 2030년 이전에 정점을 찍을 것이라고 공식 전망하고 있습니다. 파티 비롤 IEA 사무총장은 "청정에너지로의 전환은 전 세계적으로 일어나고 있으며 멈출 수 없습니다. 문제는 '언제'가 아니라 '얼마나 빨리'냐는 것"이라고 강조했습니다.

2024년 AI와 폭염이라는 이중 충격에도 불구하고 배출량 증가율이 여전히 저성장 패턴을 유지한 것은 에너지 시스템의 구조적 변화가 얼마나 견고한지를 보여줍니다. 향후 2~3년 동안 빅테크 기업들의 소형 원전과 재생에너지 프로젝트가 본격 가동되고, 중국의 청정에너지 용량이 더욱 확대되면서 글로벌 배출량은 마침내 정점을 넘어설 것으로 전망됩니다.

이러한 전망이 현실화된다면 곧 18세기 산업혁명 이후 250여 년간 인류 발전을 견인해 온 화석연료 의존 체제가 재생에너지 중심의 새로운 에너지 패러다임으로 전환되는 역사적 변곡점에 도달한 것입니다.

물론 완전한 탈화석연료까지는 수십 년의 시간이 더 필요하지만, 배출량 정점은 돌이킬 수 없는 구조적 전환의 시작을 의미합니다. 이미 시작된 에너지 전환의 시대에서, 이 변화에 얼마나 빨리 대응하고 적응하느냐에 따라 각 국가의 미래와 생존이 달려 있습니다.

제본스 패러독스

배출량 정점으로 향해가는 인류의 에너지 전환의 길에서 우리가 꼭 짚고 넘어가야 할 대목이 있습니다. 대표적인 것이 바로 제본스 패러독스Jevons Paradox 입니다[48]. 이는 기술 효율이 향상하면 효율성으로 인해 에너지 사용량이 줄어드는 것이 아니라, 오히려 사용이 더 촉진되어 전체 소비량이 증가하는 현상을 의미합니다. 풍력과 태양광은 이러한 제본스 패러독스를 보여주는 대표적 사례입니다. 재생에너지 기술이 효율적이고 저렴해질수록, 전체 에너지 소비는 오히려 증가하고 있습니다. 2010년 이후 644GW 의 재생에너지 용량이 추가되었지만, 2017년~2022년 기간 동안 재생에너지는 새로운 에너지 수요의 51%만을 충족했고, 나머지 49%는 여전히 화석연료가 담당했습니다[49]. 기술의 발전이 에너지 소비를 줄이지 못하고, 오히려 전체 에너지 파이를 키우는 결과를 낳은 것입니다.

더욱 문제가 되는 것은 토지 사용량입니다. 현재의 재생에너지 기술이 주류로 완전히 자리 잡으려면 저밀도라는 특성으로 인해 지구 표면의 상당 부분을 에너지 인프라로 덮어야 합니다. 원자력이 $0.3m^2/MWh$, 천연가스가 $1m^2/MWh$의 부지를 필요로 하는 데 비해, 태양광은 $12.6~22m^2/MWh$, 풍력은 $8.4~184m^2/MWh$의 공간이 필요합니다. 이는 원자력에 비해 수십 배에서 수백 배나 더 많은 땅이 필요하다는 것을 의미합니다[50]. 이는 식량 안보와 생태계 보전에 심각한 위협이 될 수 있습니다.

이처럼 우리는 고밀도 화석연료에 의존해 산업혁명을 이끌었지만, 그 대가로 기후위기, 생물다양성 붕괴, 지구 생태 용량 초과라는 심각한 한계를 드러내고 있습니다. 카르다쇼프가 가정한 "끝없는 발전" 경로는 더 이상 안전한 인류 문명 진화 경로가 아닙니다. 미래학자 제레미 리프킨Jeremy Rifkin은 그의 저서 『회복력 시대』에서 "진보의 시대에서 회복력 시대로 축이 이동한다"라고 강조하며 새로운 지속 가능한 미래를 맞이하기 위해 인류가 추구해야 할 핵심 가치로 적응과 재생, 분산을 꼽았습니다.

결국 인류가 당면한 기후위기 문제의 더 근본적인 해법은 에너지 기술을 혁신하는 데 있는 게 아니라 '성장'을 미덕으로 삼아 온 인류의 끝없는 에너지 수요를 앞으로 어떻게 컨트롤하느냐에 달려 있다고 생각합니다. 따라서 진정한 해법은 기술을 넘어서, 우리 사회의 근본적인 가치와 규범을 바꾸는 데 있습니다. 수백 년간 이어진 자본주의는 더 많은 소비를 미덕으로 삼아왔습니다. 대부분의 국가는 기후위기 대응을 외치면서도 실제로는 경제 성장을 최우선 목표로 삼고, 이에 따라 필요한 사회 구조의 근본적인 변화를 주저하고 있습니다. 하지만 분명한 사실은, 화석연료를 포함한 과도한 자원 소비는 우리 공동체와 지구 생태계에 심각한 피해를 주는 비도덕적 행위라는 점입니다. 기후위기 극복이 경제 성장의 걸림돌이 아니라, 새로운 문명 창출의 기회라는 사회적 규범이 자리 잡을 때, 우리는 비로소 지속가능한 성장의 진정한 출발선에 설 수 있습니다.

대전환기의 희망

제가 강조하고 싶은 것은 문명의 대전환기에 대한 대비를 기후위기 극복이라는 좁은 프레임으로만 바라봐서는 곤란하다는 것입니다. 인류의 지속 가능한 성장을 위해서는 에너지 전환보다 더 중요한 것이 있습니다. 그것은 바로 지금까지와는 다른 방식의 삶을 지향하는 인류 보편의 마음가짐입니다. 기후위기가 문제가 아니라, 100억 명이 흥청망청 살아가기엔 지구의 자원 자체가 유한하고 부족하다는 근본적인 사실을 직시해야 합니다. 절대로 지속 가능하지 않습니다.

우리가 지향해야 할 가치는 '더 많이'가 아니라 '더 가치 있게'입니다. 유한한 지구의 자원을 소중히 여기며 재사용과 재생, 자원 순환이 일상화된 삶, 덜 물질적인 삶이 새로운 미덕이 되는 사회를 만드는 것입니다. 무분별한 육류 소비를 줄이고, 공유 교통과 공유

경제를 활성화하는 것은 이러한 새로운 생활양식의 좋은 예시가
될 것입니다.

　우리가 지향해야 할 또 하나의 가치는 '함께' 살아남기입니다.
우리는 화석연료 중독을 인류 공통의 문제로 여기지만, 사실상 전
세계 부유층 10%가 배출하는 탄소는 하위 50%의 배출량을 압도
합니다. 따라서 부유할수록 더 많은 책임을 지는 것이 당연합니다.
'지구 사용료' 개념의 탄소세와 에너지세를 부유층에 더 많이 부과
하고, 이를 통해 확보된 재원을 에너지 전환과 기후 취약계층 지원
에 사용하는 사회적 합의를 이끌어내야 합니다. 이것이 우리가 함
께 지속 가능한 세상으로 나아가는 유일한 방법이 될 것입니다.

　카르다쇼프의 원대한 비전처럼 인류가 언젠가 은하 전체의
에너지를 활용하는 Type III 문명에 도달할 수 있을지는 알 수 없
습니다. 하지만 한 가지 분명한 것은, 현재를 살아가는 우리가 지
구에서의 삶을 포기하지 않고 지속 가능한 미래를 개척해야만, 비
로소 다음 단계의 문명으로 진화하며 더 큰 우주를 꿈꿀 수 있다
는 점입니다.

　화석연료의 종말을 눈앞에 둔 지금, 어떻게 새로운 시기를 준
비해야 할까요? 2010년을 기점으로 재생에너지가 낮은 에너지 밀
도에도 불구하고 빠르게 확산하며 대세가 되고 있다는 희망적인
사실을 바탕으로, 우리는 이 전환을 더 가속화해야 합니다.

　멸종은 없습니다. 이는 맹목적인 낙관이 아니라, 데이터에 기
반한 이성적 판단입니다. 2010년 이후 가속화된 재생에너지의 확

산은, 기후위기 문제의 '기술적' 해법이 이미 우리 손에 있음을 증명하고 있습니다.

하지만 거듭 강조했듯이, 기술적 전환만으로는 이 문제를 풀수 없습니다. 100억 명 인구가 유한한 지구 자원 안에서 공존하기 위해서는 '더 많이'가 아닌 '더 가치 있게'를 추구하는 삶의 방식과 인식의 변화, 그리고 '함께' 살아남기 위해 부유층이 더 많은 책임을 지는 사회적 합의가 반드시 병행되어야 합니다.

카르다쇼프의 원대한 비전은 매력적이지만, 그보다 선행되어야 할 것은 바로 이 지구라는 유일한 터전의 '지속 가능성'을 확보하는 일입니다. 인류 문명은 언제나 당면한 위기를 공학적, 사회적으로 돌파하며 진보해 왔습니다. 지금 우리의 선택이 바로 그 문명의 다음 단계를 결정짓는 냉철한 '시험대'가 될 것입니다.

5장

에너지 전환의
지정학

열강들의 동상이몽

2015년 파리기후협약 이후, 세계 각국이 앞다투어 내놓던 친환경 에너지 정책과 탄소중립 선언에는 강력한 글로벌 공조의 의지가 담겨 있었습니다. 그러나 팬데믹 이후 이러한 강력한 흐름에 미묘한 변화의 기류가 감지되기 시작했습니다. 코로나19 팬데믹으로 인한 경제적 충격, 뒤이어 발발한 우크라이나-러시아 전쟁, 그리고 전 세계 정치계의 극우화와 민족주의 대두는 글로벌 공조가 필수적인 기후위기 이슈마저 '글로컬Glocal'화하고 있습니다. 즉, 기후위기 대응이 각국의 현실과 이익에 따라 다르게 전개되는 양상입니다.

이 장에서는 에너지 전환의 이면에 존재하는 지정학적 역학관계와 국가 이익의 충돌, 그리고 권력 게임의 실체를 살펴보고자 합니다. 순진한 이상주의를 벗어나 현실주의적 관점에서 대한민국의 생존 전략을 모색해야 할 때입니다.

유럽 그린딜의 이중성

EU의 그린딜*과 강력한 탄소 감축 정책은 표면적으로 지구 환경을 구하기 위한 고귀한 사명처럼 보입니다. 그러나 역사적 맥락에서 살펴볼 때, 이를 단순히 인류애적 선택으로만 해석하는 것은 순진한 발상입니다. 19세기부터 20세기 중반까지 전 세계를 식민지로 삼아 자원을 수탈하고 환경을 훼손했던 것이 바로 유럽이었습니다. 산업혁명의 발상지로서 인류 문명에 기여한 공은 인정받아 마땅합니다. 하지만 과거 200년간 배출한 누적 탄소의 책임은 외면한 채, 이제 막 산업화를 시작한 국가에게 현재의 배출량만으로 '공평한' 책임을 요구하는 것은 역사적 정의에 부합하는 것일까요?**

2026년부터 본격 시행되는 탄소국경조정제도CBAM는 유럽의

---

* 유럽 그린딜European Green Deal은 2019년 유럽연합 집행위원회가 발표한 포괄적인 정책 패키지로, 2050년까지 유럽을 기후 중립 대륙으로 만들고 경제 성장을 환경 파괴와 분리하는 것을 목표로 합니다. 이는 기후 변화 대응을 위한 법률, 규제, 투자 계획 등을 포함하며, 에너지, 산업, 운송, 농업 등 다양한 분야에 걸쳐 광범위한 변화를 추진합니다.

** 선진국들은 역사적으로 막대한 양의 탄소를 배출해 현재의 기후위기에 가장 큰 책임이 있음에도 불구하고, 기후 변화 대응을 위한 국제회의(예: 유엔기후 변화협약 당사국총회)나 그린 기후 기금Green Climate Fund, GCF과 같은 재정 메커니즘에서 과거의 누적 배출량보다는 현재의 배출량 및 미래 감축 목표를 중심으로 개발도상국에 '공평한' 책임을 요구하는 경향이 있습니다. 이는 기후 정의Climate Justice 측면에서 논란의 여지가 있습니다.

이런 전략적 계산을 잘 보여줍니다. 철강, 알루미늄, 시멘트, 비료, 전기, 수소 등 탄소 집약적 제품에 대해 EU로 수출하는 국가들은 생산할 때 발생한 탄소 배출량에 비례한 비용을 지불해야 합니다. 이는 점점 떨어져만 가는 유럽의 제조업 경쟁력을 유지하면서 신흥국, 특히 중국의 성장을 견제하는 무역 장벽으로 작용할 것 입니다.

유럽은 일찍이 재생에너지 기술에 투자해 왔고, 이미 상당히 기술적으로 앞서고 있습니다. 2025년 현재 덴마크는 전력의 50% 이상을 풍력으로 생산하고, 독일은 태양광과 풍력을 결합한 '섹터 커플링'* 기술로 에너지 효율을 극대화하고 있습니다[51]. 이러한 선도적 위치에서 탄소 기준을 높게 설정해 후발 주자들에게 높은 진입 장벽을 만드는 것은 유럽의 경제적 이익과 완벽하게 일치합니다. 인류애적 선택이라기 보다는 철저한 국익 계산에 기반한 전략인 것입니다.

---

* 독일의 에너지 전환 정책에서 소개되어 주목받기 시작한 개념으로, 가변성이 있는 재생에너지 전력을 다른 형태의 에너지로 변환해 사용, 저장하고 발전, 난방 및 수송 부문을 연결하는 시스템을 의미합니다.

트럼프의 '드릴, 베이비, 드릴'

도널드 트럼프의 화석연료 부활 정책을 단순히 기후 변화 부정이나 시대착오적 발상으로 치부하는 것은 큰 오산입니다. 트럼프를 이해하려면 그가 뼛속까지 사업가라는 사실을 간과해서는 안 됩니다. 2025년 취임 직후 외친 "드릴, 베이비, 드릴"(석유와 가스를 더 파자)은 환경 무시가 아닌 철저한 경제적 계산에 기반한 구호입니다.

미국은 현재 모든 에너지 카드를 쥐고 있습니다. 셰일 혁명으로 석유와 가스 생산량이 폭증해 2024년 하루 1,300만 배럴의 원유를 생산하는 세계 최대 산유국이 되었습니다. 동시에 태양광, 풍력, 소형모듈원전SMR 등 친환경 에너지 기술에서도 선두권을 유지하고 있습니다. 게다가 광활한 국토는 무한한 재생에너지 잠재력을 품고 있습니다.

트럼프의 머릿속에는 단 하나, "값싸고 풍부한 에너지"만 있습니다. 단순하지만 명쾌한 논리입니다. 현재 시점에서 화석연료는 여전히 저렴하고 안정적인 에너지원이기 때문입니다. 그는 화석연료 시대가 저물어가고 있음을 누구보다 잘 알고 있습니다. 그의 전략은 두 가지 축으로 작동합니다.

1. 좌초 자산의 빠른 처분을 통한 이익 극대화

주요 목표는 미국이 보유한 화석연료 자산의 가치가 떨어지기 전에 최대한 빨리 채굴해 이익을 극대화하는 것입니다. 이는 미래에 가치를 잃을 좌초 자산의 위험을 회피하려는 냉철한 사업가의 판단입니다.

첫 번째로 수출 극대화입니다. LNG 수출 프로젝트 재개, 동맹국들에 대한 미국산 에너지 구매 압박 등의 정책은 이 전략의 핵심입니다. 화석연료 수요가 남아있는 기간 동안 최대한 팔아 많은 현금을 확보하려는 것입니다.

두 번째로 전환 비용 최소화입니다. 화석연료가 고갈되거나 시장성이 소멸해 갈 무렵, 이미 기술 발전으로 충분히 가격이 내려간 재생에너지로 전환해도 미국 경제에는 충분히 유리하다는 계산입니다. 즉, 가장 비쌀 때 기존 에너지원을 팔고, 가장 쌀 때 새 에너지원으로 갈아타겠다는 전략입니다.

2. 청정에너지 전환 속도 지연을 통한 경쟁자 견제

동시에 트럼프 행정부가 보여주는 재생 에너지 프로젝트에 대한 공격적인 규제와 반대는 단순히 화석연료를 옹호하는 것을 넘어 전환의 속도 자체를 늦추려는 계산이 깔려있습니다.

산업적 우위 유지는 청정에너지 기술에서 중국, EU 등이 미국을 앞지르지 못하도록 글로벌 에너지 전환 속도를 늦춰 투자를 위축시키고, 미국의 전통적인 에너지 산업(석유, 가스)이 타격을 덜 입도록 시간을 벌려는 의도입니다.

정치적 기반 강화는 '기후 변화는 사기'라는 수사는 화석 연료 기반 산업과 이들 산업에 의존하는 지역의 정치적 지지를 결집하는 강력한 수단입니다.

결국, 트럼프의 "드릴, 베이비, 드릴" 구호는 단기적으로는 에너지 가격을 안정화하고 산업 이익을 극대화하는 사업가의 냉철한 비즈니스 심리에서 나온 결정인 동시에, 장기적으로는 에너지 전환 비용을 최소화하고 주요 경쟁국들의 친환경 우위를 견제하려는 복합적인 전략입니다. 그의 정책은 시대착오가 아닌, 미국 중심의 실용주의적 에너지 주도권을 추구하는 철저한 계산의 산물로 봐야 합니다.

트럼프의 2025년 '스타게이트 프로젝트'(5,000억 달러 규모의 데이터센터 100개 건설 계획)가 이를 잘 보여줍니다. 이 프로젝트는 하루 10GW의 막대한 전력을 필요로 하는데, 이는 미국 내 풍부한 화석연료를 활용해 단기적으로 저렴한 전기를 공급하고 인공지능 분야에서 중국을 압도하겠다는 전략입니다. IEA가 2024년 10월 "석유 수요가 2029년에 정점을 찍을 것"이라고 예측했음에도, 트럼프에게는 "현재가 중요하다"라는 논리가 작동하는 셈입니다.

중국의
녹색 패러독스

"중국은 세계 기후위기의 구원투수일까, 최대 가해자일까?" 이 질문은 겉으로 보이는 단순함 뒤에 복잡한 진실을 품고 있습니다. 세계 최대 태양광 패널 생산국인 동시에 세계 최대 석탄 소비국이라는 중국의 모순적 현실을 제대로 이해하려면, 표면 아래 숨겨진 거대한 아이러니를 들여다볼 필요가 있습니다.

중국의 친환경 에너지 정책 역시 사실은 순수한 환경 보호나 기후위기 극복 의지보다는 에너지 안보와 산업 패권이라는 국가적 목표에 기반합니다. 중국은 오랫동안 중동 석유와 외국 에너지에 대한 의존에서 벗어나 에너지 자립을 꿈꿔왔습니다. 태양광 발전은 이러한 중국의 전략적 목표와 완벽하게 일치했습니다.

서구 언론이 중국을 '기후 악당'으로 묘사하는 동안, 중국은 조용히 세계 재생에너지 시장을 장악해 왔습니다. 2025년 현재 중국은 600GW가 넘는 태양광 발전 용량을 보유하고 있으며, 전세계 태양광 패널의 80% 이상, 풍력 터빈의 60%이상 을 중국이 생산합니다. 숫자만 보면 놀라운 '녹색 혁명'처럼 보이죠. 하지만 여기서 우리가 놓치고 있는 거대한 아이러니가 하나 있습니다. 바로 중국의 태양광 패널은 대량의 석탄으로 만들어진다는 사실입니다.

태양광 패널의 핵심 원료인 고순도 폴리실리콘을 생산하려면 막대한 에너지가 필요합니다. 그리고 중국은 이 에너지를 주로 석탄화력발전으로 조달합니다. 특히 신장위구르자치구의 태양광 공장들이 하필 석탄화력발전소 옆에 지어지는 이유가 바로 여기에 있습니다[52].

코크스 공정을 통해 실리콘을 정제하는 과정에서 나오는 탄소 배출량은 어마어마합니다. 아이러니하게도 '청정에너지'를 만들기 위해 '더러운 에너지'를 펑펑 쓰고 있는 셈입니다.

이런 모순은 단순한 숫자로도 확인할 수 있습니다. 중국은 세계 태양광 공급량의 80% 이상을 생산하는 동시에, 전 세계 석탄 소비량의 54%를 차지합니다[53]. 2022년 중국의 석탄 발전은 전년 대비 8.4%나 증가했습니다.

더 놀라운 사실은 중국이 한 해 동안 증설한 태양광 발전량보다 석탄 발전 증설량이 더 많았다는 점입니다[54]. 말 그대로 한 손으로는 태양광 패널을 설치하고, 다른 손으로는 석탄화력발전소를 짓고 있는 것입니다.

기술 축적을 통한 패권 시나리오

그렇다면 중국이 단순히 위선적인 것일까요? 사실은 그보다 훨씬 복잡합니다. 이 모순적 행태의 이면에는 냉철한 전략적 계산이 숨어 있습니다. 단기적으로는 석탄에 의존하면서, 장기적으로는 재생에너지 패권을 장악하겠다는 치밀한 계획 말입니다. 마치 담배를 피우면서 금연 패치를 개발하는 제약회사처럼, 모순적이지만 나름의 논리가 있는 것입니다.

중국의 전략을 단계별로 들여다보면 그 의도가 더욱 분명해집니다. 현재는 석탄으로 제조업 굴기를 이루면서 동시에 재생에너지 기술을 축적하는 단계입니다. 2030년대에는 이렇게 쌓은 기술력으로 세계 재생에너지 시장을 완전히 장악할 계획이고, 2050년대에 이르러서는 에너지 패권을 확보한 후에야 비로소 진짜 탄소 중립을 달성하겠다는 구상입니다. 교묘하다고 할 수밖에 없습니다. 환경을 오염시키면서 환경 기술을 독점하는 일석이조의 전략인 셈입니다.

이런 중국의 행보를 지켜보는 서구의 심정은 복잡할 수밖에 없습니다. 한편으로는 '기후위기 대응을 진지하게 하지 않는다'라고 비판하면서, 다른 한편으로는 중국산 태양광 패널에 높은 관세를 부과하고 있습니다. 이 자가당착적 행태의 이면을 들여다보면 흥미로운 진실이 드러납니다.

미국이 중국산 태양광에 관세를 부과하는 표면적 이유는 "중국이 덤핑으로 시장을 교란한다"라는 것입니다. 하지만 진짜 이유는 "재생에너지 패권을 중국에 내주고 싶지 않다"라는 데 있습니다. 결국 기후위기 대응보다는 패권 경쟁이 우선인 셈입니다. 유럽의 고민은 더욱 복잡합니다. 탄소국경세CBAM를 도입해 중국산 제품의 탄소발자국을 문제 삼으면서도, 정작 자국의 재생에너지 목표 달성을 위해서는 중국산 태양광 패널에 의존하고 있기 때문입니다. 독일이 탈원전하면서 한때 석탄 발전을 늘린 것과 비슷한 모순이라고 할 수 있습니다.

이런 복잡한 국제 정세 속에서 대한민국은 어디에 서 있을까요? 중국을 단순히 '기후 악당'으로 치부하기에는 너무 안일합니다. 그들의 모순적 전략에서 배울 점이 분명히 있기 때문입니다. 체계적이고 지속적인 정책 추진력, 미래 패권을 노리는 장기적 안목, 기후위기 글로벌 대응 압박 속에서도 철저히 국익에 도움이 되는 것만 취하는 실용 전략들은 분명 본받을 만한 부분입니다.

하지만 동시에 경계해야 할 점들도 있습니다. 자국은 오염시키고 깨끗한 기술만 수출하는 환경 비용의 외부화 전략, 핵심 부품을 한 나라에 의존할 때 발생하는 기술 종속 위험, 그리고 장기적 지속 가능성을 희생하는 근시안적 접근 방식 등이 그것입니다. 결국 우리는 중국의 성과는 인정하되, 그 방식을 무조건 따라 할 것이 아니라 선별적으로 학습해야 한다는 것입니다.

행동을 위한 새로운 패러다임

중국의 녹색 패러독스는 기후위기 시대의 복잡성을 보여주는 축소판과 같습니다. 세상을 바라볼 때 선과 악의 이분법으로 재단하려는 유혹에 빠지기 쉽지만, 기후위기라는 거대한 도전 앞에서는 그러한 단순한 구도가 통하지 않습니다. '석탄으로 만든 태양광 패널이 과연 친환경적인가?'라는 질문에 갇히기보다 '석탄만 쓰는 것보다는 낫다'라는 현실적인 선택을 인정해야 합니다.

기후위기 앞에서 우리에게 허용된 시간은 많지 않습니다. 완벽한 해법을 기다릴 여유도 없습니다. 이제는 모순을 껴안고, 불완전함을 인정하며, 그럼에도 불구하고 앞으로 나아가야 할 때입니다. 중국의 녹색 패러독스에서 배울 점이 바로 이것입니다. 완벽하지 않아도 일단 시작하라는 것 말입니다.

이 지점에서 **글로컬Glocal 전략**의 중요성이 주목받습니다. 글로컬리즘은 기후위기라는 지구적Global 과제를 각국의 특수한 현실과 지역적Local 상황에 맞게 풀어가는 지혜를 의미합니다. 중국의 국가 주도 모델, 유럽의 규제 중심 모델, 미국의 시장 주도 모델 중 어느 하나가 절대적인 정답은 아닙니다. 각자의 상황에 맞는 최적의 방식이 존재할 뿐입니다.

중국과 미국 외에도 많은 국가가 자신들만의 글로컬 전략으로 의미 있는 성과를 만들어내고 있습니다.

독일의 에너지 전환 Energiewende

독일은 연방 정부 차원에서 강력한 재생에너지 목표를 설정했지만, 그 실행의 중심에는 지역 공동체와 시민들이 있습니다. 시민들이 직접 소유하고 운영하는 에너지 협동조합Bürgerenergie은 독일 에너지 전환의 핵심 동력입니다. 이는 중앙 정부의 거시적 비전과 지역 사회의 자발적 참여가 어떻게 시너지를 낼 수 있는지 보여주는 대표적인 사례입니다.

덴마크의 풍력 에너지

세계적인 풍력 강국인 덴마크의 성공 비결 역시 글로컬 전략에 있습니다. 정부는 장기적인 정책 지원과 인프라 구축을 통해 풍력 발전에 유리한 환경을 조성했습니다. 동시에 지역 주민들이 풍력 터빈의 지분을 소유하는 협동조합 모델을 장려해 '님비NIMBY' 현상을 극복하고 재생에너지에 대한 사회적 수용성을 높였습니다.

코스타리카의 탈탄소 경제

코스타리카는 '순수한 삶Pura Vida'이라는 국가 정체성을 기후 정책에 성공적으로 결합했습니다. 이들은 풍부한 수력 및 지열 자원을 바탕으로 전력의 98% 이상을 재생에너지로 생산하며, 생태 관광을 국가 핵심 산업으로 육성했습니다. 이는 국가의 고유한 자연환경과 문화를 기반으로 어떻게 지속가능한 발전을 이룰 수 있는지 증명하는 강력한 예시입니다.

이처럼 각국의 성공 사례는 우리에게 중요한 메시지를 던집니다. 기후위기 대응에는 하나의 정답이 없으며, 우리 사회의 조건과 현실에 맞는 창의적인 해법을 모색해야 한다는 것입니다. 가장 중요한 것은 완벽한 계획을 기다리는 것이 아니라, 불완전하더라도 실패를 두려워하지 않고 지금 당장 행동을 시작하는 것입니다.

화석연료와 함께 놀랍게 발전했던 인류 문명은 이제 새로운 전환점에 서 있습니다. 하지만 다가올 시대는 '친환경'이라는 낭만적인 구호만으로 열리지 않습니다. 중국의 녹색 패러독스가 명확히 보여주듯, 이 문명의 대전환기는 모순과 위선, 그리고 냉혹한 국가 이기주의가 뒤섞인 지정학적 전쟁터에 가깝습니다.

따라서 우리가 던져야 할 질문은 '어떻게 완벽하게 선한 해결책을 찾을 것인가'가 아닙니다. 오히려 '우리의 생존과 번영을 위해, 국제사회가 우리에게 요구하는 글로벌 패러다임의 어떤 부분을 수용하고, 국익을 위해 어떤 부분을 수용하지 말아야 하는가'라는 불편한 질문에 답해야 할 때입니다. 중국의 방식이 정답은 아니지만, 그들은 이 질문에 대한 자신들의 답을 이미 찾아냈습니다. 이제 우리도 우리만의 답을 준비해야 할 때입니다.

대한민국은 어떤 선택을 해야 하는가?

이러한 복잡한 국제 정세 속에서 대한민국은 어떤 선택을 해야 할까요? 무엇보다 중요한 것은 순진한 이상주의에서 벗어나 현실주의적 관점에서 에너지 전환을 바라보는 것입니다. 유럽은 선善, 트럼프는 악惡, 중국은 무시해야 할 대상이라는 삼분법적 사고는 위험합니다. 모든 국가는 자국의 이익을 최우선으로 하는 냉철한 계산 속에서 움직인다는 사실을 직시해야 합니다.

그렇다면 대한민국의 강점은 무엇일까요? 2025년 현재 우리는 글로벌 배터리 시장의 30%를 장악하고 있으며, 수소 기술과 소형모듈원전SMR 분야에서도 세계적 경쟁력을 갖추고 있습니다. 또한 효율적인 에너지저장장치ESS 기술은 분산형 에너지 시스템 구축에 필수적인 요소입니다. 이러한 강점을 극대화하면서, 세계 에너지 지형의 변화 속에서 전략적 포지셔닝을 해야 합니다.

이러한 맥락에서 분산에너지법*의 성공적 안착은 단순한 환경 정책을 넘어선 국가 생존 전략입니다. 강원도의 풍력 발전과 전라남도의 태양광 에너지 산업단지 조성은 자립을 향한 첫걸음

---

* 분산에너지법(분산에너지 활성화 특별법)은 전력 생산과 소비를 지역 단위로 분산시켜 에너지 효율을 높이고 안정적인 전력 공급을 목표로 하는 법안입니다. 이는 대규모 중앙 집중식 발전소와 장거리 송전망에 의존하는 기존 전력 시스템의 한계를 극복하고, 재생에너지와 같은 분산형 에너지원의 확산을 촉진해 에너지 자립도를 높이는 데 기여했습니다.

에 불과합니다. 석탄 발전은 가능한 한 빠르게 퇴장시켜야 하며, 고통이 따르더라도 과감한 에너지 전환을 통해 미래를 선도해야 합니다. 또한 우리의 강점인 배터리와 수소 기술에 대한 투자를 확대하고, 국제 표준 설정에 적극적으로 참여해 기술 주도권을 확보해야 합니다.

역설 속의 길 찾기

에너지 전환은 단순한 환경 정책이 아닌, 21세기 국제 질서를 재편하는 거대한 지정학적 게임입니다. 유럽의 그린딜, 미국의 화석연료 정책, 중국의 재생에너지 굴기, 이 모든 것은 국가 이익과 패권 경쟁이라는 프리즘을 통해 바라봐야 그 실체가 보입니다.

중요한 것은 글로벌 공조가 필수적인 기후위기 이슈가 이제 글로컬화 되고 있다는 점입니다. 겉으로는 '2050 탄소중립'이라는 핵심 화두의 의미가 퇴색되는 것처럼 보일지라도, 그 이면에서는 기후위기 극복의 핵심 동력인 재생에너지의 시대가 조용히, 그러나 강력하게 열리고 있습니다. 이는 2010년대 실속 없는 국제회의들이 기후 대응을 주도하던 때와는 달리, 이제는 세계 각국이 각자의 방식으로 기후위기에 대응할 실질적인 동력을 얻고 있음을 의미합니다.

결국 핵심은 단순합니다. 모든 것은 에너지 문제로 귀결되며, 재생에너지가 국가별 상황에 따라 너무나 저렴해지고 있다는 사실입니다. 결국 관건은 어떤 국가가 기후위기 대응을 자국 상황에 맞게 주도해 나가느냐입니다.

대한민국은 이러한 거대한 세계사의 맥락을 정확히 이해하고, 우리의 위치와 강점을 냉철하게 판단해 전략적 선택을 해야 합니다. 순진한 이상주의나 단기적 경제 논리에 매몰되지 않고, 장기적 관점에서 국가 이익을 극대화할 수 있는 에너지 정책을 수립해야 합니다.

이것이 바로 기후위기 시대, 에너지 전환이라는 거대한 흐름 속에서 대한민국이 생존하고 번영하는 유일한 길입니다.

AI 혁명이 촉발한
새로운 에너지 전쟁

21세기 들어 인류는 또 다른 에너지 전환의 국면에 접어들었습니다. 특히 2022년 11월 챗GPT의 등장 이후 인공지능AI 산업이 폭발적으로 성장하면서, 예상치 못한 새로운 에너지 수요가 급증하는 주요 요인으로 떠오르고 있습니다. AI 모델 훈련에 사용되는 컴퓨팅양은 2014년 이후 약 35만 배 증가했으며, GPU 컴퓨팅 비용은 2006년 이후 99% 이상 감소했습니다. 이러한 기술적 돌파구와 데이터 가용성의 증가는 AI 모델의 역량을 비약적으로 끌어올렸습니다.

문제는 AI로 인한 에너지 수요의 급증입니다. 사용자가 챗GPT에 질문을 던지면 이를 처리하는 데 일반적인 구글 검색보다 10배 많은 에너지를 사용하고, 생성형 AI로 이미지를 하나 만드는 것은 스마트폰을 1회 완전히 충전하는 것과 같은 에너지를 소비합니다. 2020년부터 2030년까지 AI 에너지 소비는 44배 증가할 것으로 예상되며, 이는 49개의 원자력 발전소가 생산하는 전력량과 맞먹는 규모입니다.

하지만 이러한 수치에도 불구하고, AI가 현재 전 세계 에너지 수요에서 차지하는 비중은 아직은 걱정할 수준만큼 크지 않습니다. 데이터 센터의 에너지 소모량은 전 세계 총에너지 수요의 약 1.5% 수준이며, 데이터센터 전력 소비의 15% 정도에 불과합니다[55]. 이는 여름철 에어컨 사용량 폭증과 같은 계절적 요인에 의한 전력 수요 증가에 비하면 아직은 전 세계 에너지 수급 상황을 고려할 때 통제 가능한 수준입니다.

또 다른 골칫거리는 AI 관련 에너지 수요가 지역에 국한해서 볼 때는 엄청난 에너지 밀도가 필요하다는 점입니다. 하이퍼스케일 데이터센터는 10만 가구에 달하는 전력을 소비하며, 현재 건설 중이거나 계획 중인 최대 규모의 데이터센터는 200만 가구에 육박하는 전력을 필요로 합니다. 이러한 데이터센터는 지리적으로 특정 지역에 집중되는 경향이 있어, 해당 지역의 전력망에 상당한 부담을 줄 수 있습니다. 예를 들어, 아일랜드에서는 데이터센터가 전체 전력 공급의 약 20%를 소비하며, 미국 내 6개 주에서는 데이터센터가 전력 소비의 10% 이상을 차지합니다. 특히 버지니아주는 25%에 달합니다. AI의 기하급수적인 발전 속도를 고려할 때, 그 에너지 발자국은 지속적으로 주시해야 할 중요한 도전임은 분명합니다[56].

AI, 에너지 전환의 핵심 도구로 부상하다

한편 AI가 에너지 전환의 강력한 해결사가 될 수 있다는 점에도 주목해야 합니다. AI는 복잡한 에너지 시스템을 최적화하고, 재생에너지의 효율성을 극대화하며, 새로운 에너지 기술 개발을 가속하는 핵심 도구로 부상하고 있습니다.

가장 대표적인 분야는 에너지 그리드 최적화입니다. AI는 실시간으로 전력 수요와 공급을 예측하고, 날씨 데이터와 재생에너지 발전량을 분석해 전력망의 안정성을 높입니다. 예를 들어, AI 기반의 예측 시스템은 태양광 발전량이나 풍력 발전량을 정밀하게 예측해 발전소 운영자들이 전력 생산 계획을 더욱 효율적으로 세울 수 있도록 돕습니다. 또한, AI는 분산된 에너지 자원(태양광 패널, 배터리 등)을 통합 관리하고, 수요 반응Demand Response 프로그램을 통해 전력 사용량을 유연하게 조절함으로써 전력망의 부하를 줄이고 안정성을 향상합니다. 고장 예측 및 유지보수 최적화에도 AI가 활용되어, 전력 설비의 효율적인 운영과 수명 연장에 기여합니다. IEA 분석에 따르면, AI 도구가 적용될 경우 최대 175GW의 송전 용량을 추가 건설 없이 확보할 수 있으며, 이는 2030년까지 데이터센터 전력 부하 증가량보다 많은 양입니다.

AI는 또한 에너지 효율성 향상에 지대한 영향을 미칩니다. 건물 관리 시스템에 AI를 적용하면 냉난방, 조명 등을 최적화해 에너지 소비를 획기적으로 줄일 수 있습니다. 예를 들어, 스웨덴의

한 학교는 AI 기반의 건물 에너지 관리 시스템BEMS 도입으로 약 10%의 전력 절감 효과를 보았습니다. 산업 현장에서는 AI가 생산 공정을 분석하고 비효율적인 부분을 찾아내 에너지 낭비를 최소화합니다. AI 기반 공정 최적화를 통해 2035년까지 산업 부문에서 8EJ엑사줄에 달하는 에너지를 절약할 수 있으며, 이는 멕시코 전체 에너지 소비량보다 많은 양입니다. 스마트 도시 계획에서도 AI는 교통 흐름을 최적화하고, 폐기물 관리를 효율화해 도시 전반의 에너지 소비를 줄이는 데 기여합니다.

나아가 AI는 새로운 에너지 기술 개발의 속도를 높이는 데도 핵심적인 역할을 합니다. 배터리 소재, 태양전지 효율, 수소 생산 기술 등 차세대 에너지 기술 연구에 AI 기반의 시뮬레이션과 데이터 분석이 활용되어 개발 기간을 단축하고 성능을 향상합니다. 이는 궁극적으로 더 저렴하고 효율적인 청정에너지 솔루션의 상용화를 앞당길 것입니다.

AI, 딜레마를 넘어 지속 가능한 미래의 동력으로

AI의 급성장은 새로운 에너지 수요를 창출하며 인류에게 또 다른 도전을 제시합니다. 하지만 이는 동시에 에너지 전환을 가속할 수 있는 강력한 기회를 의미합니다. 현재 AI의 에너지 발자국은 아직 작지만, 그 잠재력은 엄청납니다. AI는 단순히 에너지를 소비하는 기술을 넘어, 에너지 시스템을 혁신하고 효율을 극대화하며, 지속 가능한 미래를 위한 핵심적인 동력이 될 수 있습니다.

이처럼 AI는 에너지 전환의 복잡한 퍼즐을 푸는 데 필수적인 요소가 되고 있습니다. AI의 전략적인 활용은 에너지 효율을 높이고, 재생에너지 통합을 가속하며, 새로운 에너지 기술을 상용화하는 데 결정적인 역할을 할 것입니다. IEA는 AI 애플리케이션의 광범위한 적용이 2035년까지 에너지 관련 배출량을 약 5% 줄일 수 있다고 추정합니다. 이는 데이터센터에서 발생하는 배출량보다 훨씬 큰 규모입니다. '멸종은 없다'라는 우리의 메시지처럼, 인류는 AI라는 강력한 도구를 통해 기후위기라는 딜레마를 넘어 지속 가능한 번영의 길을 개척할 수 있을 것입니다.

3부

인류는 어떻게 기후위기에 대처해야 하는가

6장

감축보다 시급한
생존의 기술

흔들리는
탄소중립의 꿈

전 세계는 지금 기후위기라는 거대한 도전과 에너지 대전환이라는 구조적 변화의 한복판에 서 있습니다. 2015년 파리기후협약이후 UN 주도로 추진되어 온 '2050 탄소중립'은 인류 공동의 생존을 위한 규범적 목표이자 거스를 수 없는 시대정신으로 자리 잡았습니다. 대한민국 역시 국제사회의 책임 있는 일원으로서 2050년까지 탄소 순 배출량을 제로(0)로 만들겠다는 국가 비전을 선언하고, 이를 달성하기 위한 구체적인 정책들을 추진하고 있습니다.

인류는 사실 국제 협력을 통해 글로벌 환경문제를 해결해 냈던 성공의 기억이 있습니다. 과학자들은 오존층을 파괴하는 주범이 프레온 가스CFC라는 것을 밝혀냈고, 이에 전 세계는 **몬트리올 의정서**라는 단일한 국제 협약 아래 프레온 가스 사용을 성공적으로 규제했습니다. 규제를 시행한 지 10여 년이 지나고 나자, 남극에 뻥 뚫려 있던 오존홀이 줄어들기 시작했고 지금은 상당 수준 회복되었습니다.

이 경험은 기후 변화 문제에도 '감축'이 효과적인 해결책이 될 수 있다는 기대를 낳았고, 탄소 배출량 감축이 글로벌 협력 과제로 부상하면서 탄소를 직접적으로 줄이기 위한 교토 의정서나 파리기후협약 같은 국제 조약들이 체결되었습니다. 이에 따라 기후 변화의 실제 피해에 대응하는 적응 문제는 상대적으로 개별 국가가 해결해야 할 지역적 문제로 간주하며 뒤로 밀려나게 되었습니다. 조약이 체결되고 첫 5~6년 동안은 UN과 유럽의 선진국들, 국제 환경단체 중심으로 일사불란하게 협력하며 전 세계가 감축을 향해 나아갈 수 있도록 다양한 방식으로 유도해 왔습니다. 과거 오존층 파괴 문제 해결 사례처럼, 탄소 배출량 감축이 명확한 목표를 가진 국제적 협력을 통해 성공하리라 기대했기 때문입니다. 하지만 기후 변화와 오존층 문제는 본질적으로 달랐습니다. 2015년 파리기후협약이 체결되었음에도 전 지구적 탄소 배출량은 여전히 줄어들기는커녕 아직 배출량의 정점조차 지나지 못하고 있는 현실이 그 명백한 증거입니다[57].

왜 그럴까요? 기후 변화와 오존층 문제는 본질적으로 다르기 때문입니다. 우리가 지금까지 산업혁명 이후 배출한 이산화탄소의 양이 2조 5,000억t입니다. 실로 어마어마한 양입니다. 이 중 상당량은 아직까지도 지구 대기 중을 떠돌며 지구의 온도를 덥히고 있고 이를 제거하는 데에는 매우 긴 시간이 필요합니다.[*] 또한, 탄소 감축에는 막대한 경제적 비용이 들며, 수백 년간 화석연료에 의존해 온 자본주의 시스템의 전면적인 수정과 전 세계 모든 국가들의 끊임없는 경제 성장 욕구를 억제할 수 있어야지만 빠른 감축이 가능한데 인도와 중국, 동남아시아와 아프리카의 여러 성장욕구로 넘치는 나라들을 감안할 때 현재로서는 거의 불가능하기 때문입니다. 이러한 현실을 간과한 채 전향적인 감축을 강요하던 '감축 중심주의'는 이제 한계에 부딪혔고 글로벌 기후 담론은 중대한 변곡점을 맞이하고 있습니다.

최근 이상을 향한 열정만으로는 현실의 복잡다단한 문제를 해결할 수 없다는 인식이 확산하면서, 기후 정책의 방향과 속도를 둘러싼 새로운 논의가 전개되고 있습니다. 미국에서는 재생에너지 보조금 폐지를 주장하는 목소리가 커지고 있으며, 유럽에서는 인플레이션과 경기 침체 우려 속에서 기후 행동의 경제적 비용에 대한 대중적 저항, 이른바 '그린래시Greenlash'** 현상이 유럽 내 기후 위기 정책에 앞장섰던 나라를 중심으로 두드러지게 나타나고 있습니다.

영국 보수당은 2050년 탄소 감축 목표를 규정한 기후 변화법 폐지를 공약하고, 독일의 중도우파 지도자마저 자국의 탄소 감축 노력이 전 지구적 기후 변화에 미치는 영향이 미미하다는 현실론

---

* 이산화탄소라는 기체는 한번 대기중으로 배출되면 절반 정도는 바다나 육상 식물들의 광합성으로 흡수되지만 나머지 절반은 대기 중에 떠돌며 100년 가까이 머무릅니다.

** '그린래시'는 친환경을 뜻하는 '그린Green'과 반발을 뜻하는 '백래시Backlash'를 합친 말로 녹색정책이나 그에 따른 변화에 대한 반발 행동을 뜻합니다.

을 제기하는 등, 기후 정책의 추진 동력이 약화하는 조짐이 나타나고 있습니다. 프랑스의 심각한 금융위기 등 최근 수년간 유럽의 경제 상황이 전반적으로 악화하고 있고 유권자들의 관심사 역시 기후 변화에서 물가 상승과 경제 문제로 이동하는 추세가 뚜렷합니다. 국제사회가 탄소 감축에 수반되는 막대한 경제적 비용과 수백 년간 화석연료에 기대어 성장한 자본주의 시스템의 견고함, 그리고 세계 각국의 끝없는 성장 욕구를 과소평가 했음이 이제 점점 분명해지고 있는 것입니다[58].

미국 역시 예외는 아닙니다. **트럼프 대통령은 아예 기후협약 탈퇴를 선언했습니다.** 벌써 두 번째입니다. 재선에 성공한 트럼프는 트럼프 1기 때 탈퇴했던 파리기후협약을 또다시 탈퇴했습니다. 국제사회가 수십 년에 걸쳐 어렵게 쌓아 올린 '탄소중립'이라는 거대한 탑이 한 국가 지도자의 정치적 결정 하나로 얼마나 쉽게 흔들릴 수 있는지 전 세계는 똑똑히 목격했습니다. '미국 우선주의'를 내세우며 화석연료 산업의 부활을 외친 그의 행보는, 기후위기라는 지구 공동의 문제조차 개별 국가의 경제적 이익과 정치적 이념 앞에서 얼마나 쉽게 뒤로 밀릴 수 있는지를 극명하게 보여주었습니다.

중요한 것은 대한민국 혼자 탄소중립을 달성하는 데 성공한다고 해서 기후위기 문제가 바로 해결되는 것이 아니라는 점입니다. 중국과 미국, 그리고 인도가 어떻게 하느냐에 글로벌 탄소 감축의 성패가 달려 있습니다. 더 안타까운 것은 인류가 막대한 비용을 들여 탄소 배출량을 극단적으로 줄여도 우리 후손들이 살아갈

전 세계와 대한민국의 연간 탄소 배출량

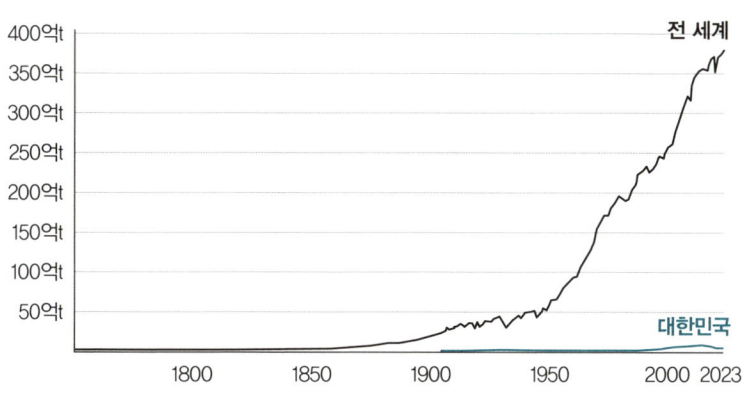

출처: Our World in Data, CO₂ Emissions

세상의 기후는 달라질지언정 **우리가 겪는 기후는 당장 변하지 않는다는 사실입니다.** 설령 그들이 지금 당장 극적인 감축에 나선다 해도, 인류가 이미 뿜어낸 2조 5,000억t의 탄소는 향후 수십 년간 더 혹독한 날씨를 몰고 올 것이고 이는 인류가 치러야 할 '피할 수 없는 대가'입니다. IPCC 역시 과거 배출량만으로도 향후 수십 년간 기온 및 해수면 상승이 불가피하다고 경고하며, 감축만으로는 해결할 수 없는 위기의 시급성을 강조했습니다[59]. 이것이 기후과학이 말하는 냉혹한 현실이며, 탄소중립의 담대한 여정에 나서기에 앞서 우리 정부는 비용을 쏟아붓는 감축으로 미래 세대가 아닌 우리 세대가 얻는 것이 과연 무엇인지 냉정하게 질문해야 하는 이유입니다.

기후위기 최전선 대한민국,
적응이 우선이다

우리는 기후 변화의 '최전선'에 서 있다

　시야를 좁혀 대한민국이 처한 현실을 살펴봅시다. 가장 먼저 직시해야 할 불편한 진실이 있습니다. 바로 대한민국이 전 지구적 평균보다 훨씬 빠르고 혹독하게 기후 변화를 겪고 있는 지역이라는 사실입니다. 전 세계 평균 기온이 지난 100여 년간 0.8℃ 오를 때, 한반도는 약 1.6℃나 급등했습니다(2020년 기준)[60]. 지구 평균 기온 상승 속도보다 2배 빠르게 온도가 올라가고 있다는 뜻입니다.

　또한 이는 단순히 더워졌다는 이야기가 아닙니다. 2025년을 전후로 우리가 겪은 기상 현상들은 과거의 데이터가 무의미해졌음을 보여줍니다. '장마'라는 말이 무색할 정도로 퍼붓는 폭우, 한 시간에 100mm가 넘는 물 폭탄은 이제 '이변'이 아닌 '일상'이 되었습니다. 그 결과 서울을 포함한 대도시의 침수와 산사태로 수많은 인명과 재산 피해가 반복되고 있습니다.

한반도의 생태계 지도 또한 바뀌고 있습니다. 사과는 더 이상 대구의 명물이 되기 어렵고, 머지않아 강원도에서 감귤을 재배하게 될 것이라는 예측은 이미 현실이 되고 있습니다[61]. 남부지방에서는 망고, 패션프루트 같은 아열대 과일 재배가 새로운 소득원으로 자리 잡고 있습니다.

가장 심각한 기후위기는 우리 눈에 잘 보이지 않는 곳, 바로 한반도를 둘러싼 바다에서 일어나고 있습니다. 삼면이 바다인 대한민국은 해양 기후 변화에 특히 취약하며, 지구 온난화로 뜨거워진 적도의 바닷물이 쿠로시오 해류를 타고 올라오는 길목에 위치해 그 영향은 치명적입니다.

실제로 그 변화 속도는 과학적 데이터로 명확히 증명됩니다. 최근 56년간(1968년~2023년) 한반도 근해의 표층 수온은 약 1.41℃ 상승했습니다. 이는 같은 기간 전 세계 평균 상승 폭(약 0.56℃)의 2.5배에 달하는 매우 가파른 속도입니다[62].

바다의 온도 상승은 해수면을 직접 밀어 올립니다. 국립해양조사원의 분석에 따르면, 지난 30여 년간(1994년~2023년) 한반도 연안의 해수면은 연평균 3.08mm씩 높아졌습니다[63]. 이 수치 역시 전 세계 평균보다 약 1.5배 빠르며, 특히 최근 10년의 상승률은 연평균 4.5mm에 육박하며 점점 가속화되는 추세입니다.

이러한 수온 급등은 특히 최근 몇 년간 연안 생태계에 심각한 피해를 낳았습니다. 실제로 2023년 여름, 동해안의 수온이 30℃를 넘나드는 이상고온 현상이 관측되었고, 이에 따라 강원도와 경북 해

안의 양식장에서는 강도다리, 조피볼락 등 **수십만 마리의 어류가 집단 폐사**하는 일이 발생했습니다. 이처럼 눈에 보이지 않는 바다의 변화가 우리 어민들의 생계와 연안 생태계를 뿌리부터 흔들고 있습니다.

서류 속의 대책, 현실 속의 불평등

물론 정부도 손을 놓고 있었던 것은 아닙니다. 우리는 이미 '국가 기후 변화 적응 대책'이라는 이름의 번듯한 계획이 있고, 정부는 주기적으로 이 거대한 문서를 현실의 변화에 맞춰 수정하고 있습니다. 그러나 문제는 그 계획들이 수많은 서류 속에 잠자고 있는 동안, 현실 속의 피해는 걷잡을 수 없이 눈덩이처럼 불어나고 있다는 점입니다. 적응 정책은 '계획된 활동을 충실히 수행했는가'라는 형식적인 점검에만 치우쳐왔습니다. 정작 가장 중요한 '그래서 실제로 기후 위험이 얼마나 줄었는가'라는 본질적인 질문에는 그 누구도 속 시원한 답을 내놓지 못했습니다. 이는 마치 극한 호우로 아파트 천장에 누수가 발생했을 때 새는 파이프를 고치는 대신, 그저 바닥으로 떨어지는 물을 열심히 닦는 것으로 임무를 완수했다고 말하는 것과 같습니다. 이러한 '사후 복구' 비용이 전체 기후 변화 적응 예산의 40%에 육박하는 현실은, 우리의 정책이 얼마나 근본적인 문제 해결에서 동떨어져 있는지 여실히 증명합니다[64].

물론 이러한 문제점 속에서도 일부 정부 부처와 연구 기관은 한반도 기후 변화의 특성을 분석하고 취약성을 진단하기 위한 다양한 연구를 꾸준히 수행해 왔습니다. 그 노력의 결과로 기후 위험 지도나 폭염 특보 기준 등 실질적인 성과가 나타나고 있기도 합니다. 그러나 이러한 개별적인 노력이 유기적인 정책으로 이어지지 못하는 한계 또한 명확합니다[65].

이러한 개별적인 노력이 효과를 내지 못하고 흩어지는 이유는 정책을 엮는 구조적 구심점이 부재하기 때문입니다. 이를 해결하기 위해 기후에너지환경부가 그 역할을 하든 기후위기 적응 문제를 따로 떼어내어 '기후위기 적응 컨트롤타워'같은 조직을 만들든 기후위기 적응 문제만큼은 부처 간의 벽을 허물고 예산과 권한을 통합적으로 조율하는 조직이 꼭 필요하다고 생각합니다*. 강력한 권한을 바탕으로, 각 부처에 흩어져 있는 적응 예산을 목적에 맞게 재구성하고 공동의 목표를 설정하는 역할을 해야 합니다.

기존 방식으로는 폭염이 닥쳤을 때 환경부는 도시 열섬 완화를 위한 녹지 확대 계획을, 보건복지부는 취약계층을 위한 무더위 쉼터 운영을 각자의 계획에 따라 진행합니다. 하지만 '적응 컨트롤타워'가 있다면 이야기는 달라집니다. 예를 들어 보겠습니다. 컨트롤타워는 행정안전부가 운용하는 재난안전포털의 재난 데이터와 지자체의 주민 데이터를 통합 분석해 '폭염 위험 집중관리구역'을 먼저 지정합니다. 그리고 이곳에 환경부의 도시 숲 조성 예산, 복지부의 쉼터 운영 예산, 국토교통부의 노후 주택 단열 개선 사업비를 하나의 패키지로 묶어 우선 투입하도록 조율합니다. 나아가 지방정부 및 지역 공동체와의 협력을 통해 해당 지역 주민들이 가장 필요로 하는 맞춤형 정책이 실행되도록 지원합니다. 이처럼 정책의 칸막이를 없애고 현장의 필요에 맞게 자원을 재결합하는 것, 이것이 바로 행정에만 머무는 적응이 아닌, 시민의 삶을 바꾸는 실질적인 적응으로 나아가는 첫걸음입니다.

기후 적응 문제가 이렇게 부처 간 유기적이고 통합적인 형태

---

*   2025년, 기후에너지환경부와는 별도로 대통력 직속 '기후대응위원회'를 신설하는 논의가 진행 중입니다.

로 접근하지 못하고 정책의 구조적 단절이 지속된다면 기후위기는 사회적 약자에게 더욱 가혹한 재앙으로 작용합니다. 폭염을 막기 위한 쿨링 셸터나 홍수에 대비한 배수 시설 같은 대응 인프라는 대부분 고소득층이 거주하는 지역에 먼저 구축되는 경향이 뚜렷합니다. 반면 쪽방촌이나 반지하, 노후화된 주택에 거주하는 도시 취약계층은 물론, 기후 변화에 직접적으로 노출되는 농어촌의 주민들은 기후 재난에 무방비 상태로 내몰립니다. 이는 기후위기가 단순히 환경을 지키는 문제를 넘어 기존의 사회적, 경제적 불평등을 극대화하는 '기후 불평등'의 문제임을 명백히 보여줍니다.

기후과학 주권의 중요성

이제 기후위기는 우리 땅에서 벌어지는 구체적인 현실이기에, 대응 방식 역시 우리 삶의 고유한 조건에 맞춰져야 합니다. IPCC 보고서와 같은 전 지구적 연구는 기후위기의 거대한 흐름을 알려주는 중요한 나침반이지만, 그것만으로는 우리 동네의 홍수 위험을 막을 수 없습니다. 글로벌 기후 모델은 우리에게 해상도가 낮은 세계지도를 보여줄 뿐, 우리가 진짜 필요로 하는 것은 우리 마을의 골목길까지 상세히 그려진 고해상도 지도이기 때문입니다.

예를 들어, IPCC 보고서는 '전 지구적 평균 해수면 상승' 수치를 제시하지만, 이 데이터만으로는 조수간만의 차가 극심하고 복잡한 해안선과 갯벌이 발달한 한반도 서해안의 특정 항구나 양식장이 겪을 침수 위험을 정확히 예측할 수 없습니다. 또한, 대륙 스케일의 기후 모델은 한반도의 여름철 '국지성 기습 폭우'가 대도시의 아스팔트와 빌딩 숲을 만나 어떻게 몇 분 만에 치명적인 물 폭탄으로 변하는지, 습도가 높아 체감온도가 훨씬 고통스러운 대한민국형 폭염이 환기하기가 어려운 쪽방촌 주민들에게 어떤 영향을 미치는지를 세밀하게 보여주지 못합니다.

이것이 바로 우리 과학자들이 주체가 되어 우리만의 '대한민국형 위험 기준'을 수립하고, '기후과학 주권Climate Science Sovereignty'을 확립해야 하는 이유입니다. 기후과학 주권은 '외국의 저해상도 데이터를 사용하는 차원을 넘어, 우리 사회의 특성과 취약점을 가장 잘 아는 우리 스스로가 고해상도 기후 데이터를 주도적으로 생산, 통제, 활용하는 능력'이라는 의미를 전달하기 위해 제가 만든 용어입니다. 기후과학 주권이 있어야 우리는 '추상적인 기후 위험'이 아닌, '서울 특정 지역 반지하 가구의 시간당 강우량별 침수 위험도'나 '강원도 고랭지 배추 농가의 가뭄 임계점'과 같은 구체적인 현실에 맞는 맞춤형 적응 정책을 비로소 설계할 수 있습니다. 기후과학 주권의 확보야말로 모든 적응 정책의 성패를 가르고, 기후 불평등을 해소하는 정의로운 전환의 첫걸음입니다.

적응을 돈 버는 산업으로 만들 수는 없을까?

기후 적응을 위해서는 국가의 많은 예산이 투입되어야 합니다만, 꼭 그런 것만도 아닙니다. 기후 적응 분야 또한 부를 창출하는 비즈니스 영역으로 확대할 수 있습니다. 발상의 전환을 해야 합니다. 기후 적응을 더 이상 어쩔 수 없이 치러야 하는 비용으로 여겨서는 안 됩니다. 오히려 대한민국 경제의 새로운 성장 엔진을 만들 절호의 기회로 삼아야 합니다. 그 핵심 동력은 바로 AI와 로봇 기술에 있습니다.

첫째, AI로 기후의 불확실성을 예측하고 관리하는 '기후 인텔리전스Climate Intelligence' 산업을 키워야 합니다. 이미 해외에서는 AI를 활용해 기후 리스크를 분석하고 예측하는 기업들이 새로운 시장을 개척하고 있습니다. 미국의 원 컨선One Concern은 실제 도시를 가상의 세계에서 그대로 구현한 디지털 트윈을 만들어 지진과 홍수 같은 재난의 영향을 시뮬레이션합니다. 일본 구마모토시는 이 플랫폼을 도입해 더 효율적인 대피 경로와 자원 배분 계획을 수립함으로써 도시의 재난 회복력을 크게 높였습니다[66]. 또 다른 미국 기업 주피터 인텔리전스Jupiter Intelligence는 특정 발전소의 홍수 위험이나 특정 공급망의 폭염 취약성처럼, 개별 자산 단위의 기후 위험을 정량적인 재무 정보로 분석해 기업과 정부의 의사결정을 돕습니다[67]. 이처럼 기후 데이터를 AI로 분석해 관리 가능한 정보로 바꾸는 플랫폼은 정부, 보험사, 기업에게 필수적인 서비스가 되고 있습니다.

둘째, 로봇 기술로 위험하고 어려운 일을 대체해 더 안전하고 회복력 있는 사회를 만들어야 합니다. 극한의 폭염 속에서, 혹은 붕괴 위험이 있는 교량 위에서 사람이 하던 위험한 작업을 이제 곧 로봇이 대신할 수 있는 세상이 열립니다. 스위스의 애니보틱스 ANYbotics가 개발한 사족보행 로봇은 거친 날씨에 노출된 해상 에너지 플랫폼을 자율적으로 순찰하며 위험을 감지하고[68], 영국의 리버풀 대학 연구팀은 AI 드론으로 도로의 균열을 찾아내고 자율 로봇으로 보수해 기후 변화로 잦아진 도로 파손에 대응하는 기술을 개발했습니다[69]. 또한, 미국의 드론시드DroneSeed는 산불로 폐허가 된 산에 드론을 이용해 인간보다 6배 빠른 속도로 씨앗을 심어 생태계를 복원하는 기술을 상용화했습니다[70]. 이처럼 로봇은 기후 재난의 최전선에서 인간을 보호하고 사회의 회복력을 높이는 핵심 기술이 되고 있습니다. 국내 로봇 산업을 적극적으로 육성하고, 이 기술들을 기후 변화 적응 현장에 곧바로 투입해 실전성을 검증한 후 수출까지 연계한다면, 이것이야말로 위기를 기회로 바꾸는 '돈 버는 적응 정책'이 아닐 수 없습니다.

셋째, AI와 로봇을 결합해 식량과 물 같은 필수 자원을 지키는 '스마트 자원 안보' 시스템을 구축해야 합니다. 우리의 농업은 기후 변화에 취약한 분야 중 하나지만, AI와 로봇 기술을 만나면 가장 혁신적인 산업으로 탈바꿈할 수 있습니다. 미국의 수직농장 기업 플렌티Plenty는 AI를 이용해 빛, 온도, 물을 정밀하게 제어하여 사막과 같은 환경에서도 외부 기후와 무관하게 신선한 채소를 안정적으로 생산하는 기술을 선보였습니다[71]. 또한, 물 부족 국가인 싱가포르는 국가 전체의 물순환 시스템에 AI와 센서 기술을 적용한 '스마트 워터 그리드'를 구축해 누수를 실시간으로 감지하고 수질을 관리하며 국가의 물 안보를 획기적으로 강화했습니다[72]. 이처럼 AI 기반의 스마트팜과 지능형 물관리 시스템은 기후위기 시대의 핵심적인 생존 기술입니다.

전 세계 기후테크 시장은 이처럼 폭발적으로 성장하고 있지만, 국내 생태계는 아직 미미한 수준입니다. 정부는 R&D 지원, 과감한 규제 혁파, 그리고 공공 부문이 신기술의 '첫 번째 고객'이 되어 초기 시장을 열어주어야 합니다.

우리가 나아갈 길은 명확합니다. 감축을 부차적인 과제로 미루자는 것이 아니라, 감축과 적응을 상호보완적인 '공동 주도 전략'으로 삼되, 당면한 생존의 위협 앞에서는 적응에 전략적 무게를 두어야 한다는 것입니다. 기후 적응을 환경 정책의 부속물이 아닌, 사회 안전망으로서 재정의해야 합니다.

AI와 로봇 기술로 기후테크 산업을 육성하고, 우리의 도시와 사회 기반 시설을 미래 기후에 맞게 재건하는 일에 투자하는 것. 이것이 바로 모든 국민, 특히 기후 약자를 보호하고 새로운 부를 창출하는 가장 확실한 길입니다.

이러한 포괄적인 적응 전략은 이 책에서 제시한 궁극적 목표, 즉 '2050 에너지 독립'을 달성하기 위한 가장 중요한 전제조건입니다. 스스로의 힘으로 위험한 기후에 현명하게 적응한 국가는 자연스럽게 새로운 에너지 시대를 주도하게 될 것입니다. 그 길 위에서 탄소중립은 더 이상 고통스러운 비용이 아니라, 위기를 절호의 기회로 바꾼 현명한 국가가 맞이할 수익성 높은 결과물이 될 것입니다.

기후위기로 우리의 밥상이
위협받을까?

코로나19 팬데믹과 우크라이나-러시아 전쟁을 거치며 밥상 물가가 급등했던 일을 우리는 생생하게 기억합니다. 마트의 가격표 앞에서 "식탁이 풍요로워졌다"라는 말은 공허하게 들릴지 모릅니다. 하지만 시야를 조금 더 넓혀 지난 반세기를 돌아보면, 데이터는 역설적인 사실을 보여줍니다. 기후 변화의 경고음이 커지는 동안에도 쌀, 밀, 옥수수 같은 주요 곡물의 전 세계 총생산량은 경이로운 증가세를 보여왔습니다[73].

이 눈부신 성과는 녹색 혁명으로 대표되는 농업 기술 발전 덕분이었습니다. 그렇다면 생산량은 늘었는데 왜 우리의 체감 물가는 불안할까요? 늘어난 수확량이 곧바로 식탁의 풍요와 동의어가 되지 못하는 이유는 에너지 가격, 복잡한 유통 구조, 국제 정세와 같은 변수들이 우리의 밥상에 더 큰 영향을 미치기 때문입니다. 이러한 현실은 우리에게 근본적인 질문을 던집니다. 지난 수십 년간 인류는 기후위기 속에서도 식량 생산량을 늘리는 데 성공해 왔

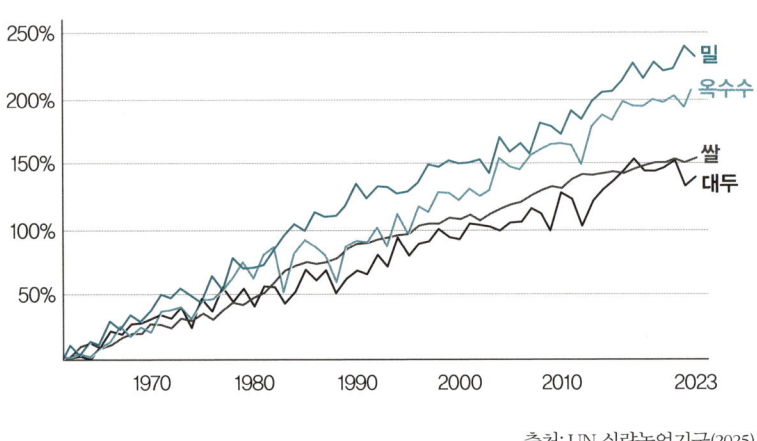

출처: UN 식량농업기구(2025)

지만, 이것이 과연 미래 식량 안보를 보장할 수 있을까요? 그리고 그 풍요의 이면에는 어떤 그림자가 드리워져 있을까요?

그리고 기후 변화가 정말 심각한 위협이라면, 식량 생산은 어째서 폭발적으로 증가할 수 있었을까요?

이 역설적인 상황은 '기후 변화가 식량 생산을 감소시킨다'라는 단순한 명제를 다시 생각하게 합니다. 우리가 과거에 식량 생산량을 빠르게 늘려왔다고 해서 미래에도 기술에 기댄 생산량 증대가 보장되는 것은 아닙니다. 여기서는 기후위기가 식량 안보에 얼마나 큰 위협이며, 미래 농업 기술의 발전으로 그 위협을 상쇄할 가능성은 어느 정도인지 냉정하게 짚쳐보고자 합니다.

기후 변화라는 양날의 칼

　　기후 변화가 농업에 미치는 영향은 복합적입니다. 지구 온난화의 주범인 이산화탄소는 역설적으로 식물에 '비료'가 되기도 합니다. 광합성의 원료인 이산화탄소 농도가 높아지면 밀이나 쌀 같은 작물은 더 많은 탄수화물을 생산해 수확량이 늘어나는 '이산화탄소 비료 효과'가 나타납니다. 하지만 이 고마운 탄소에는 대가가 따릅니다. 수확량은 늘지 몰라도 단백질, 아연, 철분 같은 핵심 영양소 함량은 희석되는 '영양 희석 효과'를 유발하기 때문입니다. 실제 한 연구에 따르면, 이산화탄소 농도가 높은 환경에서 재배된 밀은 단백질 함량이 최대 12.7%, 아연은 6.5%, 철분은 7.5%까지 감소했습니다[74]. 겉보기엔 풍요로워져도 인류는 '숨겨진 기아'에 직면할 수 있습니다.

　　더 큰 문제는 '뜨거워지는 지구' 그 자체입니다. 물론 캐나다나 러시아 같은 고위도 지역에서는 경작 가능 기간이 길어지는 긍정적 효과도 있습니다. 하지만 전 세계 대부분의 농경지가 위치한 중위도, 저위도 지역에서는 이미 최적 온도를 넘어선 경우가 많아 추가적인 기온 상승은 수확량 감소에 치명적입니다. 세계 2위의 밀 생산국인 인도에서는 2022년 3월, 밀알이 영그는 시기에 122년 만의 기록적인 폭염이 덮치면서 일부 지역의 수확량이 최대 25%까지 감소했고, 결국 정부가 밀 수출을 전면 금지하는 사태까지 벌어졌습니다[75]. 2012년 미국 중서부를 덮친 기록적인 가뭄과 폭염은 '콘 벨트'의 옥수수 수확량을 25%나 급감시키며 막대한 경제적 손실을 입힌 바 있습니다[76]. 특히 예측 불가능한 폭염과 가뭄, 홍수와 같은 극한 기후는 농업 시스템의 근간을 뒤흔듭니다. 2022년 파키스탄 대홍수는 국토의 3분의 1을 물에 잠기게 하며 80만 ha헥타르가 넘는 농경지를 파괴했고, 이는 국가 전체의 식량 안보를 심각하게 위협했습니다. IPCC는 지구 온도가 2℃ 상승할 경우, 이런 극심한 농업 가뭄 발생 가능성이 현재보다 150~200%까지 증가할 것이라고 강력히 경고합니다[77].

그럼에도 불구하고, 지금까지는 농업 기술 발전의 속도가 기후 변화의 부정적 효과를 압도해 왔습니다. 하지만 기후 변화의 파괴력은 점진적으로가 아닌 기하급수적으로 강해지고 있습니다. 과거의 성공에 기댄 낙관론은 기술 발전과 기후 재앙의 속도가 역전되는 임계점의 위험을 간과하는 것일 수 있습니다.

기술의 진보, 불평등의 심화

미래 식량 생산 지도는 어떻게 바뀔까요? NASA의 2021년 연구에 따르면, 현재 추세대로라면 21세기 말 전 세계 옥수수 수확량은 24% 감소하는 반면, 밀 수확량은 오히려 17% 증가할 수 있습니다[78]. 옥수수를 주식으로 삼는 국가는 심각한 식량 위기에 직면하고, 밀 생산이 늘어나는 고위도 국가는 새로운 농업 강국으로 부상할 수 있다는 의미입니다. 또한, 옥수수는 전 세계 육류 생산의 핵심인 가축 사료의 절대적인 비중을 차지하기에, 옥수수 생산량 감소는 육류 가격 상승과 공급 불안으로 이어져 우리의 식탁을 또 다른 방식으로 위협할 수 있습니다. 특히 과거에는 농업에 부적합했던 캐나다 북부와 러시아 시베리아 등 광활한 영토가 새로운 곡창지대가 될 잠재력이 주목받고 있습니다. 한 연구에 따르면, 기후 변화로 인해 농업이 가능해지는 새로운 땅의 절반 이상이 캐나다(420만km^2)와 러시아(430만km^2)에 집중될 것으로 예측됩니다[79].

이러한 생산지의 재편은 식량 수출국과 수입국 간의 힘의 불균형을 심화시키고, 식량을 무기화하는 지정학적 갈등을 유발할 잠재력이 큽니다. 2010년 러시아가 극심한 가뭄과 산불로 밀 수확량이 급감하자 수출 금지 조치를 내렸던 사례가 대표적입니다. 이 조치는 국제 곡물 가격을 폭등시켰고, 식량 수입 의존도가 높았던 중동 및 북아프리카 국가들의 사회 불안을 증폭시켜 '아랍의 봄*'을 촉발한 원인 중 하나로 지목되기도 합니다[80].

여기에 또 다른 중대한 변수가 더해집니다. 바로 인구 증가입니다. UN은 세계 인구가 2080년대에 약 104억 명으로 정점을 찍

---

* 2010년 말 튀니지에서 시작되어 중동 및 북아프리카로 확산된 대규모 반정부 민주화 시위를 말합니다. 장기 독재, 부패 등 복합적인 원인이 있었지만, 2010년 러시아의 극심한 가뭄으로 인한 밀 수출 금지 조치가 국제 곡물 가격을 폭등시킨 것이 중요한 도화선이 되었습니다. 식량 수입 의존도가 높은 이 지역 국가들에서 빵 가격이 급등하며 대중의 불만이 폭발했기 때문입니다.

을 것으로 예측합니다[81]. 더욱 중요한 것은 이 인구 증가의 대부분이 기후 변화로 인한 식량 생산 감소에 가장 취약한 사하라 이남 아프리카와 남아시아 같은 지역에 집중된다는 점입니다. 이 지역들의 주식은 기후 변화의 혜택을 볼 것으로 예상되는 밀이 아니라, 오히려 수확량 감소가 예측되는 옥수수, 쌀, 콩 등입니다. 즉, 식량이 가장 부족해질 곳에서 식량을 필요로 하는 인구는 가장 폭발적으로 늘어나는 동시에, 이들이 의존하는 주식 작물마저 기후 변화에 가장 취약한 것입니다. 이 지점이야말로 단순한 식량 생산량 문제를 넘어, 국제적 불안정을 일으킬 수 있는 '기후 불평등'의 진짜 뇌관으로 작용할 수 있습니다.

이것이 바로 기후 변화의 잔혹한 현실입니다. 탄소 배출에 가장 큰 책임이 있는 부유한 국가들은 오히려 밀 수확량 증가라는 혜택을 볼 수 있는 반면, 기후 변화에 거의 책임이 없는 사람들은 가장 큰 타격을 받게 됩니다. IPCC는 이러한 복합적인 취약성으로 인해 21세기 중반까지 최대 8,000만 명의 추가 기아 인구가 발생할 수 있으며, 대부분이 이 지역에 집중될 것으로 예측합니다[82].

결국 미래 식량 위기의 본질은 '절대적인 양의 부족'이라기보다는 기후위기로 촉발된 불평등 문제의 심화에 있습니다. 전 지구적으로는 인구를 먹여 살릴 충분한 칼로리가 생산되더라도, 생산지의 편중과 예측 불가능한 공급망 교란은 식량 가격을 극도로 불안정하게 만들 가능성이 큽니다. 최근 가뭄으로 파나마 운하의 수위가 낮아져 전 세계 물류에 차질이 생긴 것처럼, 기후 변화는 생산뿐 아니라 운송과 저장까지 위협합니다. 이는 저소득층과 식량 수입 의존국의 구매력을 파괴해 부유한 국가는 식량이 남아돌고 가난한 국가는 굶주리는 비극을 심화시킬 것입니다.

희망은 기술에 있는가

인류는 이 거대한 도전에 맞서 강력한 무기를 개발하고 있습니다. AI, 드론, 사물인터넷IoT 센서를 활용한 '정밀 농업'은 토양의 상태를 실시간으로 분석해 필요한 곳에 필요한 만큼만 물과 비료를 공급하는 기술로 자원 낭비 없이 수확량을 극대화합니다[83]. 또한 CRISPR 유전자 가위 기술은 특정 유전자를 정밀하게 편집해 가뭄과 고온, 염분에 잘 견디는 '기후 회복성 작물' 개발에 혁명을 일으키고 있습니다. 이미 연구실 단계에서는 가뭄 저항성이 향상된 옥수수, 염분 토양에서도 자라는 쌀 등이 개발되며 상용화를 앞두고 있습니다. 이러한 기술의 발전 속도를 고려하면, 미래에도 인류가 식량 생산을 꾸준히 늘려나갈 것이라는 기대는 충분히 합리적입니다.

하지만 기술이 만능 해결책은 아닙니다. 첨단 농업 기술은 높은 초기 비용 탓에 선진국의 대규모 농장에 집중되어 '디지털 격차'를 심화시킬 수 있습니다. 유전자 변형 기술에 대한 사회적 수용성 문제도 여전한 과제입니다. 온난화로 농업이 가능해진 북방 지역을 개간하는 것은 수만 년간 얼어있던 영구동토층을 녹여 그 안에 갇힌 막대한 양의 메탄과 이산화탄소를 방출하는 '탄소 폭탄'의 뇌관을 건드리는 행위가 될 수도 있습니다.

이러한 거대한 흐름 속에서 대한민국의 상황은 어떨까요? 상당히 위태롭습니다. 2023년 기준 대한민국의 곡물자급률은 20%를 겨우 넘는 수준이며, 주식인 쌀을 제외하면 밀, 옥수수, 콩 등 대부분의 곡물을 수입에 의존하고 있습니다. 이는 국제 곡물 가격 변동이나 수출국의 갑작스러운 금지 조치와 같은 외부 충격에 우리 식탁이 그대로 노출되어 있음을 의미합니다.

기후 변화의 직접적인 위협도 현실화하고 있습니다. 한반도의 아열대화가 가속화되면서 과거 대구, 경북이 주산지였던 사과는 이제 강원도에서 재배되고, 제주도의 상징이던 감귤은 남해안을 넘어 전북까지 북상했습니다. 이러한 재배지 변동은 단기적으로는 새로운 기회처럼 보일 수 있지만, 장기적으로는 전통적인 작물 재배 시스템의 붕괴와 예측 불가능한 병해충의 확산으로 이어질 수 있습니다. 여기에 고령화로 인한 농업 인구 감소와 농경지 면적 축소라는 구조적인 문제는 우리 농업의 기반 자체를 흔들고 있습니다.

따라서 대한민국 농업의 미래는 '지속 가능한 식량 주권 확보'라는 명확한 목표 아래 재설계되어야 합니다. 단순히 생산량을 늘리는 것을 넘어, 외부 충격에도 흔들리지 않는 회복력 있는 농업 시스템을 구축하는 것이 핵심입니다. 이를 위해 인공지능과 데이터를 기반으로 한 '스마트팜'을 확산시켜 노동력 부족 문제를 해결하고 생산 효율성을 극대화해야 합니다. 또한, 가뭄과 폭염에 강한 국내 고유 품종을 개발하고, 식량 안보에 필수적인 밀, 콩 등의 국내 생산 기반을 정책적으로 강화해 최소한의 자급률을 확보하는 노력이 시급합니다.

미래 식량 위기는 피할 수 없는 파국이 아니라, 인류가 적극적으로 관리해야 할 '복합적인 리스크'입니다. 지난 반세기 동안 기술 발전으로 식량 증산을 이뤄낸 역사는 인류의 저력을 보여주는 희망의 근거입니다. 유전자 가위 기술과 인공지능 스마트팜은 분명 과거의 녹색 혁명을 뛰어넘는 잠재력을 지니고 있습니다.

하지만 우리는 두 가지 상반된 신호에 기민하게 대처해야 합니다. 첫째, 기술 발전의 가속화라는 긍정적 신호입니다. 둘째, 특정 임계점을 넘어서면 농업 시스템이 회복 불가능한 충격을 받을 수 있다는 기후위기의 강력한 경고입니다. 정부와 국제사회는 혁신 기술에 대한 과감한 투자를 이어가는 동시에, 온실기체 감축이라는 근본적인 해결책을 외면해서는 안 됩니다. 또한, 기후 재해에 대비한 농업 보험 시스템을 강화하고, 국제적인 식량 비축 제도를 마련해 공급망 충격에 대비하는 구체적인 정책이 필요합니다.

무엇보다 중요한 것은 기술의 혜택이 소수에게 독점되어서는 안 된다는 점입니다. 기후 변화로 가장 큰 고통을 겪는 아프리카와 같은 취약 지역에 기술과 자원을 공유하고, 이들의 기후위기 적응 능력을 돕는 것은 단순한 시혜가 아니라 전 인류의 기후위기 극복에 필요한 가장 중요한 조치입니다. 기후 불평등이 초래할 정치적 불안과 분쟁은 결국 우리 모두에게 부메랑이 되어 돌아올 것이기 때문입니다.

많은 강연과 전문가들이 경고하는 미래 식량 시스템의 붕괴를 정해진 운명으로 받아들여서는 안 됩니다. 우리의 무관심과 근시안적인 대응이 초래할 수 있는 결과에 대한 기술적 분석일 뿐입니다. 기술 혁신으로 식량 생산의 한계를 넘어서는 동시에, 그 혜택이 식량 위기에 가장 취약한 곳부터 돌아갈 수 있도록 국제사회가 연대하고 정책적 지혜를 모으는 것. 이것이야말로 복잡하게 얽힌 식량 위기의 매듭을 풀 유일한 길입니다.

7장

에너지 '고속도로'보다 중요한 건

전기를 잡아야
나라가 산다

불과 몇 년 전까지만 해도 AI는 먼 미래의 기술처럼 여겨졌습니다. 그러나 2022년 말 챗GPT의 등장은 세상을 하루아침에 바꾸어 놓았습니다. 생성형 AI가 촉발한 기술 혁명은 인류의 생산성과 창의성을 비약적으로 발전시킬 잠재력을 보여주지만, AI 산업의 폭발적 성장은 단기적으로는 에너지 수요를 급증시키고 있습니다.

AI는 전기를 집어삼키는 하마와 같습니다. 이제 값싸고 풍부하며 안정적인 전기를 확보하는 능력은 한 기업의 경쟁력을 넘어한 국가의 경제적 패권과 안보, 나아가 생존을 결정짓는 핵심 전략 자산이 되었습니다. 바야흐로 전기를 둘러싼 보이지 않는 '세계 대전'이 시작된 것과 다름없습니다.

이 장에서는 AI가 촉발한 전기 전쟁을 중심으로 국제적 동향을 살펴보고, 대한민국이 처한 현실과 치열한 전투에서 승리하기 위한 방안에 대해 함께 고민해 보겠습니다.

3부 인류는 어떻게 기후위기에 대처해야 하는가

AI 쓰나미와 새로운 글로벌 전기 전쟁

IEA는 이 새로운 현실을 냉혹한 수치로 제시합니다. 전 세계 데이터센터, AI, 암호화폐 부문의 전력 소비량은 2022년 약 460TWh 테라와트시에서 2026년에는 그 두 배가 넘는 1,000TWh 이상으로 급증할 것으로 전망됩니다[84]. 이는 세계 3위 경제 대국인 일본 전체의 연간 전력 소비량과 맞먹는 엄청난 규모입니다. 테슬라의 일론 머스크가 "가까운 미래에 인류는 극심한 전기 부족에 시달릴 것"이라고 경고한 것은 더 이상 과장이 아닌, 현실에 기반한 예언이 되고 있습니다.

글로벌 빅테크 기업들은 이미 이 쓰나미의 한복판에 서 있습니다. 4년 전, 재생에너지 사용을 자랑하며 세계에서 가장 빨리 RE100과 탄소중립을 달성하겠다고 공언했던 구글의 탄소 배출량은 오히려 전력 소비 급증으로 인해 50% 가까이 폭증했다는 사실은 이 문제의 심각성을 단적으로 보여줍니다. 마이크로소프트MS 역시 2020년 이후 탄소 배출량이 30% 이상 증가했음을 인정했습니다. 원인은 간단합니다. AI 데이터 센터에 필요한 막대한 전력망이 충족되지 못하자, 가장 빠르고 확실한 해법인 '천연가스'를 선택했기 때문입니다.

아마존은 오리건주에 650MW 규모의 천연가스 발전소를 직접 건설하는 계약을 체결했고, 메타 역시 유사한 프로젝트를 추진 중입니다. AI 붐이 촉발한 천연가스 수요 급증은 2024년 가격을

40%나 상승시켰으며, 이는 '인공지능 시대의 전환 연료'라는 이름으로 화석연료 업계에 새로운 생명력을 불어넣고 있습니다.

하지만 이 '깨끗한 화석연료'라는 신화는 치명적인 맹점을 안고 있습니다. 천연가스의 주성분인 메탄은 이산화탄소보다 훨씬 강력한 온실기체*이며, 많은 양이 천연가스 생산과정에서 누출되곤 합니다. 더욱 심각한 것은 지금 급증하는 에너지 수요에 의해 신규 건설되고 있는 천연가스 인프라는 최소 30~40년간 운영될 예정이며, 이는 2050년 탄소중립 목표와 정면으로 충돌합니다.

불과 몇 년 전까지만 해도 전 세계의 최우선 과제였던 '탄소중립'이라는 대의가, AI 패권 경쟁이라는 새로운 현실 앞에서 어떻게 우선순위가 뒤바뀌고 있는지를 보여주는 역설적인 상황입니다. AI 시장에서 뒤처지지 않으려는 기업들의 생존 경쟁이 화석연료 에너지 소비의 폭증으로 이어지면서, 장기적인 환경 목표가 단기적인 경제적 이익의 논리에 밀리고 있다는 비판을 피하기 어렵게 되었습니다.

AI 시대의 전력 문제는 단순히 양TWh의 문제를 넘어섭니다. AI 서비스의 핵심은 24시간 365일 중단 없이 안정적으로 작동해야 한다는 점입니다. 공장은 잠시 생산을 멈출 수 있지만, 클라우드 기반 AI 서비스는 단 1초의 중단도 허용되지 않습니다. 이는 전력 공급의 '질'에 대한 새로운 기준을 제시합니다. 즉, 날씨에 따라

---

* 『IPCC 제6차 평가보고서』에 따르면 이산화탄소보다 28배 강력한 온실효과를 냅니다.

발전량이 변동하는 간헐성을 가진 에너지원만으로는 AI 경제의 핵심 인프라를 지탱할 수 없다는 의미입니다. 이제 경쟁의 초점은 단순히 친환경 에너지를 확보하는 것을 넘어, 24시간 중단없이 돌아가는 친환경 에너지를 누가 더 저렴하게 확보하느냐로 옮겨가고 있습니다. 이러한 패러다임의 전환은 원자력, 지열과 같은 안정적인 기저부하 전원의 가치를 재평가하게 만들고, 대규모 에너지 저장장치ESS의 중요성 또한 크게 부각하고 있습니다. 전기를 둘러싼 새로운 글로벌 전쟁은 이미 시작되었습니다.

미국의 갈짓자 행보 속 빅테크 기업들의 생존전략

새로운 전기 전쟁은 미래 시나리오가 아니라, AI라는 거대한 '전력 블랙홀'을 마주하고 있는 지금, 이 순간의 현실입니다. 세계 주요국과 빅테크 기업들은 전기를 경제 패권을 위한 전략 무기로 간주하며, 국가와 기업의 명운을 건 총력전을 벌이고 있습니다.

미국이 이 전쟁을 주도하는 방식은 거대한 당근과 냉혹한 채찍이 교차하는, 그리고 그 방향성마저 정권에 따라 급변하는 매우 역동적인 양상을 띠고 있습니다. 바이든 행정부는 인플레이션 감축법IRA이라는 재생에너지 분야에 역사상 가장 강력한 당근을 제시했습니다. 이는 단순히 신재생에너지를 장려하는 수준을 넘어 배터리, 전기차, 태양광 패널 등 청정에너지 공급망 전체를 미국

본토로 이전시키는 것을 목표로 하는 노골적인 산업 정책입니다. 미국 땅에서 생산하고 조립하지 않으면 막대한 세제 혜택과 보조금 대상에서 제외하는 이 법안은, 동맹국에는 기회이자 중국에는 치명적인 견제구로 작용하는 전기 전쟁의 핵심 무기입니다.

하지만 이러한 미국의 친환경에너지 중심 정책 기조는 2025년 트럼프 행정부가 돌아오면서 180° 다른 방향으로 치닫고 있습니다. 과거 바이든 행정부의 IRA가 주도했던 친환경 에너지 중심의 지원책은 폐지되고, '위대하고 아름다운 법Big, Beautiful, Bill-BBB 법안'이 그 자리를 대체했습니다. BBB 법안의 핵심은 노골적인 '미국 우선 에너지 자립' 정책으로, 특정 친환경 기술에 대한 세액 공제 대신 석유, 가스, 석탄 등 자국 내 모든 에너지원의 생산을 극대화하는 데 초점을 맞추고 있습니다. 이는 미국의 에너지 전략이 기후 변화 대응에서 자국 산업 보호와 에너지 패권 강화로 완전히 선회했음을 의미하며, 친환경 에너지 생태계 구축이라는 기존의 목표는 사실상 후퇴했습니다. 트럼프 행정부는 풍력 터빈을 "새를 죽이는 흉물"이라 비난하며 신재생에너지에 대한 보조금을 폐지하겠다고 공언하는 한편, 석유와 가스 시추에 대한 모든 규제를 철폐하겠다고 약속했습니다. 이처럼 미국 내에서는 첨단 청정에너지 패권과 화석연료를 통한 전통적 에너지 패권이 격렬하게 충돌하고 있으며, 그 미래는 아무도 예측할 수 없는 방향으로 흘러가고 있습니다.

이 전쟁의 또 다른 최전선에는 바로 AI 혁명을 주도하는 빅테크 기업들이 있습니다. 챗GPT와 같은 생성형 AI를 훈련하고 운영하는 데이터센터는 상상을 초월하는 전기를 소비하며, 이들의 전력 확보 능력은 곧 기업의 미래 경쟁력과 직결됩니다. 이 때문에 빅테크는 더 이상 전력망에 의존하는 수동적인 소비자가 아닙니다.

AI 경쟁이 워낙 급박하게 돌아가다 보니, 이제는 소형모듈원전SMR이나 핵융합 같은 미래 에너지원이 완성될 때까지 기다릴 여유조차 없다는 인식이 팽배합니다. 이 현실을 가장 극적으로 보여주는 사례가 바로 마이크로소프트와 아마존의 최근 행보입니다. MS는 과거 스리마일 원전 사고지 인근에 있는 서스쿼해나 원자력 발전소에 데이터센터를 직접 연결해 전력을 공급받는 계획을 발표했습니다. 이는 새로운 원전 건설에 걸리는 막대한 시간을 기다리지 않고, 기존의 거대한 에너지원에 '빨대'를 꽂아 당장 필요한 수십억 와트의 전력을 확보하겠다는 노골적인 선언입니다. 아마존 역시 6억 5,000만 달러를 투자해 펜실베이니아주 서스쿼해나 원자력 발전소 옆에 있는 데이터센터 캠퍼스를 인수했습니다. 이 계약을 통해 아마존은 원전으로부터 직접 최대 960MW에 달하는, 24시간 안정적인 무탄소 전력을 확보하게 되었습니다[85]. 아마존 스스로가 밝힌 이 투자의 이유는 명확합니다. 바로 "AI로 인한 기하급수적인 에너지 수요"와 간헐적인 재생에너지로는 감당할 수 없는 "안정적인 기저부하 전력 공급"의 필요성 때문입니다. AI 기술 패권을 뺏기지 않으려는 미국 기업들의 싸움이 얼마나 치열한지를 보여주는 대목입니다.

이러한 움직임들은 빅테크 기업의 에너지 전략이 근본적으로 바뀌고 있음을 시사합니다. 과거 이들은 재생에너지 인증서REC를 구매하는 등 수동적인 방식으로 ESG환경, 사회, 지배구조 목표를 관리해 왔습니다. 그러나 이제는 AI와 같은 핵심 비즈니스의 생존을 위해 전력 생산 자산을 직접 통제하는 '수직 계열화' 단계로 나아가고 있습니다. 이는 정권에 따라 흔들리는 공공 전력망을 더 이상 신뢰할 수 없으며, 안정적인 에너지 확보를 기술 발전의 최우선 과제로 삼고 있음을 의미합니다. 시장의 리더 격인 MS와 아마존의 이러한 행보는 원자력 발전을 기술 산업의 유망한 에너지원으로 공식화하는 효과를 낳고 있습니다. 이는 원자력 산업에 새로운 거대 자본을 유입시키고, 소형모듈원자로SMR와 같은 차세대 기술 개발을 촉진할 것으로 보입니다.

AI 혁명은 거스를 수 없는 시대적 흐름이 되었습니다. 인간의 지성을 한 차원 높이는 이 기술은, 역설적으로 '지구'라는 행성이 가진 유한함을 냉정하게 시험하고 있습니다.

우리는 두 가지 미래 중 하나를 선택해야 합니다. '전환 연료'라는 임시방편의 프레임에 안주하며 화석연료 중독을 연장할 수도 있고, 혹은 이 거대한 에너지 수요를 SMR과 재생에너지로의 전환을 완성하는 '결정적 계기'로 삼을 수도 있습니다.

진정한 혁신은 새로운 기술을 창조하는 것이 아니라, 그 기술이 지구와 공존하도록 만드는 데 있습니다. 결국 AI 시대의 진정한 싸움은 GPU 성능이 아닌, 에너지와 환경 사이의 조화를 이뤄내는 우리의 능력에서 판가름 날 것입니다.

중국의 재생에너지 중심 에너지 안보 정책

중국의 전략은 중앙정부가 주도하는 압도적인 '규모의 경제'로 요약됩니다. 에너지 안보 달성과 글로벌 친환경 기술 시장 장악이라는 두 마리 토끼를 동시에 잡기 위해, 중국은 자국을 세계 최고의 재생에너지 제조 및 설치 국가로 만드는 데 국가의 모든 역량을 쏟아붓고 있습니다.

그 규모는 상상을 초월합니다. 중국은 이미 2017년에 전 세계 재생에너지 투자의 45%를 차지하는 최대 투자국이었으며, 2024년 한 해에만 373GW의 재생에너지 설비를 추가해 총용량을 1,878GW로 늘렸습니다[86]. 특히 2024년 12월 한 달 동안 설치한 태양광 용량(68.3GW)은 호주가 수십 년에 걸쳐 설치한 총용량보다도 많습니다. 이러한 경이적인 속도는 중국이 전 세계 태양광 패널의 63%를 생산하는 압도적인 공급망 장악력에서 비롯됩니다.

중국의 목표는 단순히 기후 변화 대응을 넘어섭니다. 중국 정부는 공식적으로 "재생에너지를 탄소 배출 감축 수단일 뿐만 아니라 에너지 안보의 원천"으로 간주합니다. 2060년까지 비화석 연료 비중을 80%로 늘리고, 2030년까지 태양광과 풍력 설비를

1,200GW까지 확대하겠다는 목표를 세웠으나, 이 목표는 이미 6년이나 앞당겨 초과 달성했습니다.

이는 중국이 기후 변화라는 전 지구적 위기를 자국의 지정학적, 경제적 이점으로 전환하려는 거대한 전략의 일환임을 보여줍니다. 태양광과 풍력의 글로벌 공급망을 장악함으로써, 중국은 전 세계의 에너지 전환 과정에서 막대한 영향력을 행사할 수 있게 됩니다. 이는 마치 20세기 석유 시장을 장악했던 OPEC처럼, 21세기 친환경 에너지 전환 시대의 새로운 패권 국가가 되려는 야심입니다.

대한민국과 같은 국가에 이는 이중적 위협으로 다가옵니다. 첫째, 에너지 전환에 필수적인 핵심 기술과 장비를 지정학적 경쟁국에 의존해야 하는 안보적 딜레마에 빠지게 됩니다.

둘째, 중국이 자국의 저렴한 재생에너지를 무기로 제조업 경쟁력을 강화할 경우, 대한민국 주력 산업의 입지는 더욱 좁아질 수밖에 없습니다. 실제로 이러한 위협은 더 이상 미래의 시나리오가 아닙니다. 세계 1위 배터리 기업인 중국의 CATL은 자국의 저렴한 전기를 기반으로 한 가격 경쟁력을 앞세워 유럽 시장을 빠르게 잠식하고 있으며, 이는 LG에너지솔루션, 삼성SDI 등 우리 기업에 직접적인 타격이 되고 있습니다. 태양광 시장 역시 중국산 저가 모듈의 공세에 국내 기업들이 고사 위기에 처한 지 오래입니다. 이는 시작에 불과하며, 앞으로 반도체, 철강 등 더 많은 에너지 다소비 산업에서 유사한 상황이 벌어질 수 있습니다.

친환경 에너지 패권 전쟁에 뛰어들고 있는 산유국들

　화석연료 시대의 종언을 직감한 사우디아라비아와 같은 중동의 산유국들은 역사적인 대전환을 시도하고 있습니다. 이들은 막대한 오일 머니와 풍부한 태양 자원을 결합해 차세대 청정에너지인 '그린수소' 시장의 패권을 장악하려 합니다.

　이 전략의 심장부에는 '네옴NEOM 그린수소 프로젝트'가 있습니다. 사우디의 네옴, ACWA 파워, 그리고 미국의 에어 프로덕츠가 합작해 추진하는 이 프로젝트는 세계 최대 규모의 상업용 그린수소 생산 시설이 될 것입니다. 4GW가 넘는 전용 태양광 및 풍력 발전소에서 생산된 전기로 물을 전기 분해해 하루 600톤의 그린수소를 생산하고, 이를 다시 연간 120만t의 그린 암모니아로 전환해 2026년부터 전 세계로 수출할 계획입니다. 이 프로젝트 하나만으로 매년 500만t의 이산화탄소를 감축하는 효과가 있습니다. 이는 석유 의존 경제에서 벗어나 국가 수입원을 다각화하려는 '사우디 비전 2030'의 핵심 과제입니다[87].

　중동의 이러한 움직임은 단순히 석유에서 손을 떼는 것이 아니라, 석유로 벌어들인 부를 미래의 '운송 가능한 청정에너지' 시장을 선점하는 데 전략적으로 재투자하는 것입니다. 과거 땅속의 석유라는 지질학적 이점을 활용했듯, 이제는 하늘의 태양이라는 지리적 이점을 활용해 에너지 패권을 유지하려는 것입니다. 그린 암모니아는 사실상 '액체 전기'와 같습니다. 사우디 사막의 태양

에너지를 액체 형태로 바꾸어 대한민국이나 일본처럼 에너지는 부족하지만 산업 기반이 강한 국가로 운송할 수 있게 해줍니다.

이는 대한민국에 새로운 형태의 에너지 종속 가능성을 의미합니다. 미래에 우리가 사용하는 에너지가 석유에서 암모니아로 바뀔지라도, 그 에너지를 얻기 위해 막대한 돈을 계속해서 중동에 지불해야 하는 구조적 취약성은 변하지 않을 수 있습니다. 친환경 미래에도 에너지 수입국이라는 굴레를 벗어나기 어려울 수 있다는 냉정한 현실을 직시해야 합니다.

대한민국의 딜레마

글로벌 전기 전쟁의 소용돌이 속에서 대한민국은 그 어떤 나라보다 심각하고 구조적인 딜레마에 직면해 있습니다. 세계적인 산업 강국이라는 화려한 외피 아래, 우리는 수입 에너지라는 불안정한 생명줄에 국가 경제 전체가 의존하고 있는 취약한 현실을 안고 있습니다. AI가 촉발한 새로운 에너지 패러다임은 대한민국의 가장 핵심적인 산업 경쟁력을 뿌리부터 흔들고, 오랜 기간 잠복해 있던 에너지 안보 위험을 폭발 직전의 임계점으로 몰아가고 있습니다.

대한민국의 가장 근본적인 아킬레스건은 극심한 에너지 수입 의존도입니다. 대한민국이 화석연료 수입에 지출하는 연간 금액은 2016년 기준 92조 원에 달했습니다. 2000년대 들어 러시아-우크

라이나 전쟁과 점점 늘어나는 천연가스 소비량의 증가로 2024년에는 무려 218조 원을 화석연료를 수입하는 데 사용하고 있습니다. 이는 대한민국 경제가 국제 유가 변동, 공급망 교란, 지정학적 분쟁 등 외부 충격에 속수무책으로 노출되어 있음을 의미합니다.

문제는 이러한 취약한 에너지 기반 위에 세워진 대한민국의 주력 산업들이 하나같이 '전기 먹는 하마'라는 점입니다. 반도체, 배터리, 전기차 등 우리의 경제를 이끄는 첨단 산업들은 모두 막대한 전력을 필요로 합니다. 최첨단 반도체 공장(팹) 하나를 가동하는 데는 100~200MW의 전력이 필요한데, 이는 인구 수십만의 중소 도시 전체가 사용하는 전력량과 맞먹습니다. 실제로 2021년 삼성전자의 반도체 부문은 대한민국 전체 전력 소비량의 3%를 차지했습니다. 이웃 대만의 사례는 더욱 섬뜩한 경고를 보냅니다. 세계 최대 파운드리 기업인 TSMC는 대만 전체 전력의 7%를 사용하고 있으며, 이 비중은 곧 12%까지 치솟을 전망입니다.

수십 년간 대한민국 제조업은 비교적 저렴한 산업용 전기요금을 바탕으로 가격 경쟁력을 유지해 왔습니다. 그러나 이 마지막 보루마저 무너지고 있습니다. 대한민국 산업용 전기요금은 OECD 국가 중 가장 저렴한 수준을 유지하다 최근 3년간 70% 가까이 올라 35개 OECD 국가 중 28위 수준까지 올라왔습니다. 물론, 아직은 저렴한 수준이나, 최근 가파른 요금 인상으로 산업용 전기요금이 가정용 전기요금보다 비싸지는 역전 현상까지 발생하면서, 기업들의 원가 부담이 가중되고 있는 것도 사실입니다.

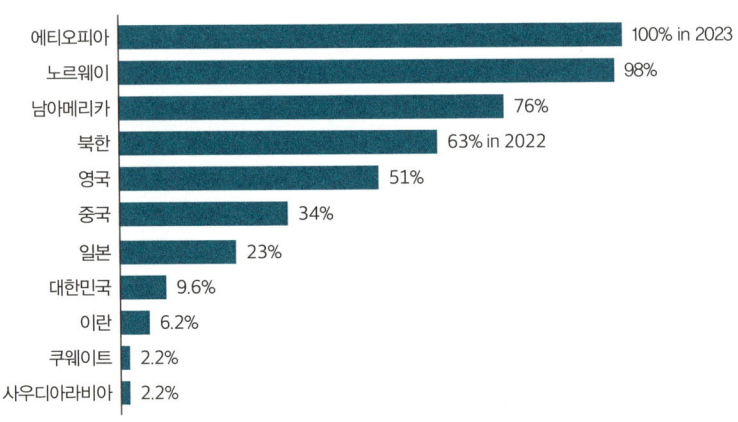

국가별 전체 사용 에너지 중 재생에너지의 비중

에티오피아	100% in 2023
노르웨이	98%
남아메리카	76%
북한	63% in 2022
영국	51%
중국	34%
일본	23%
대한민국	9.6%
이란	6.2%
쿠웨이트	2.2%
사우디아라비아	2.2%

출처: Ember(2025); Energy Institute - Statistical Review of World Energy(2025)

엎친 데 덮친 격으로, 우리는 에너지 전환의 흐름에서도 뒤처지고 있습니다. 2024년 기준, 대한민국의 재생에너지 발전 비중은 10%에 못 미칩니다. 세계 각국의 재생에너지 사용 비중으로 볼 때 최하위권에 속하는 부끄러운 성적입니다. 이란, 쿠웨이트, 사우디아라비아와 같은 산유국들을 제외한다면 거의 꼴찌 수준에 해당합니다.

부끄러운 성적표가 아닐 수 없습니다. 국가적으로 재생에너지 확보가 이렇게 계속 지연된다면 단순히 기후 변화 대응 실패라는 오명을 넘어 우리 기업들의 수출경쟁력에 치명적인 타격을 입을 수 있습니다. 특히 RE100과 같은 글로벌 기업들이 재생에너지 사용을 강력하게 요구하면서, 이러한 상황은 이제 우리 기업들의 생존과 직결된 문제가 되고 있습니다.

과거 대한민국의 성공 방정식이었던 '에너지 전량 수입, 수출 주도 성장' 메커니즘은 더 이상 유효하지 않습니다. 이제 대한민국 기업들은 자국 정부의 보조금으로 저렴해진 재생에너지로 공장을 돌리는 중국 기업, 그리고 원자력 발전소와 직접 계약해 안정적인 무탄소 전력을 공급받는 미국 기업들과 경쟁해야 합니다. 여기에 더해, 애플과 같은 글로벌 고객사들이나 EU의 탄소국경조정제도CBAM가 공급망 전반에 저탄소 생산을 요구하면서, 대한민국의 낮은 재생에너지 비중은 그 자체로 거대한 무역 장벽이 될 수 있습니다. 따라서, 이제 문제는 단순히 전기요금의 '비용'을 넘어, 글로벌 시장에서의 '생존' 그 자체가 되었습니다.

대한민국에 필요한 건 실용적 '에너지 총력전' 전략

21세기 글로벌 질서는 전기를 중심으로 재편되고 있습니다. 생존의 기로에 선 대한민국은 더 이상 '친원전과 탈원전' 혹은 '재생에너지냐 원전이냐' 같은 이분법적 낡은 프레임에 갇혀 소모적인 논쟁을 벌일 때가 아닙니다. 전 세계 탄소 배출량의 약 30%와 14%를 차지하는 중국과 미국조차 기후 변화 대응이라는 대의명분보다 자국의 산업 보호와 에너지 안보를 우선하며 총력전에 나선 지금, 글로벌 연간 배출량이 1.7%에 불과한 제조업 강국 대한민국도, 탄소중립이라는 국제적 흐름을 외면할 수는 없지만, 그 이행 속도와 방식에 있어서는 보다 현실적이고 국익에 부합하는 지혜로운 해법을 모색해야 할 때입니다.

글로벌 전기 전쟁에서 우리의 최우선 과제는 생존입니다. 첨단 제조업과 기술 혁신 위에 번영을 이룩한 대한민국에게 저렴하고 안정적이며 풍부한 전기를 확보하는 것은 더 이상 단순한 경제 문제를 넘어 시대적 소명이자 국가의 존립을 건 전략적 과제가 되었습니다. AI가 촉발한 전력 수요의 폭증, 에너지 안보를 무기화하는 강대국들의 각축전, 그리고 탄소중립이라는 피할 수 없는 시대적 요구 앞에서 우리에게 남은 선택지는 '안정적이고, 저렴하며, 깨끗한 전력 확보'라는 단 하나의 현실적인 목표를 위해 가용한 모든 수단을 총동원하는 실용적이고 기술 중심적인 '에너지 총력전'을 준비하는 일입니다.

이 길만이 우리의 핵심 산업들의 심장을 뛰게 할 동력을 공급하고, 낙후된 지역에 새로운 활기를 불어넣으며, 다음 세대에게 희망찬 미래를 물려줄 수 있는 유일한 길입니다. 전기를 둘러싼 세계 대전은 이미 시작되었습니다. 이것은 국가의 생존을 건 전쟁이며, 우리가 반드시 승리해야만 하는 전쟁입니다. 지금 당장 범국가적 역량을 모아 값싸고 풍부한 전기 확보에 총력을 기울여야 합니다. 그것이 우리 경제를 살리고, 지역을 살리고, 젊은 세대에게 희망을 주는 길입니다. 전기를 제대로 잡지 못하면, 대한민국의 미래는 없습니다.

3부 인류는 어떻게 기후위기에 대처해야 하는가

문제는 하드웨어보다 소프트웨어

　대한민국은 청정에너지 생산을 위한 물리적 기반을 착실히 쌓아왔습니다. 2025년 기준, 태양광과 풍력 등 재생에너지 설비 용량은 약 32GW에 달하며, 이는 원자력 설비 용량인 26GW를 이미 넘어선 수치입니다. 이는 더 이상 대한민국이 청정에너지를 생산할 능력이 부족하지 않다는 명백한 증거입니다.

　그러나 다른 한편에서는 이 막대한 잠재력이 무참히 낭비되는 비극이 일상적으로 벌어지고 있습니다. 막대한 설비에도 불구하고, 대한민국의 재생에너지 발전 비중은 세계 10위권 경제 규모에 걸맞지 않게 여전히 경제협력개발기구OECD 최하위권을 맴돌고 있습니다. 더 심각한 문제는, 애써 생산한 청정 전기를 계통이 감당하지 못해 강제로 차단하는 '출력 제한Curtailment'이 만성화되고 있다는 점입니다. 2024년 상반기에만 전체 재생에너지 발전량의 17%가 이와 같이 버려졌습니다. 이러한 문제는 재생에너지 자원이 풍부한 호남 지역에서 이미 현실화된 심각한 병목 현상으로 나타나고 있습니다.

　이처럼 대한민국 에너지 시스템은 심각한 모순에 빠져 있으며, 이 역설을 직시하는 데서부터 에너지 전환의 실마리를 찾아야 합니다. 문제의 원인은 기술의 실패나 자원의 부족이 아닙니다. 이는 20세기에 설계된 낡고 경직된 제도적 구조의 실패, 즉 중앙집중형 독점 체제가 변화하는 현실을 따라가지 못하며 발생하는 구조적 질병입니다. 따라서 해법은 단순히 더 많은 송전탑과 케이블이라는 '하드웨어'를 추가하는 데 있지 않습니다. 시스템의 운영체제, 즉 시장 규칙, 운영 규약, 통치 철학이라는 '소프트웨어'를 전면적으로 혁신하는 데서 찾아야 합니다.

　문제의 본질은 개별적인 증상에 있지 않고 시스템 전체에 있습니다. 지금까지의 논의는 '송전망 혼잡'이나 '출력 제한'과 같은 개별 증상에만 집중하는 경향이 있었습니다. 그러나 이는 병의 근원이 아니라, 더 깊은 구조적 질병이 외부로 드러난 것에 불과합니다. 빠른 속도로 재생에너지 보급을 확장해 온 제주도는 재생에너지 출력 제한이라는 고질병에 시달려 왔습니다. 그러나 수년간 물리적 하드웨어 문제에 해당하는 송전망 부족 탓으로 돌려졌던 문제가 실시간 입찰제라는 시장 규칙, 즉 소프트웨어적 처방으로 극적으로 해결되었습니다. 뒤에서 좀 더 자세히 살펴보겠지만, 제주도의 성공 사례는 우리가 문제의 원인을 잘못 진단해 왔음을 시사합니다. 상대적으로 낮은 재생에너지 비중에도 불구하고 출력 제한이 빈번하게 발생한다는 사실 자체가, 문제의 핵심이 재생에너지의 '양'이 아니라 시스템의 '통합 능력 부재'에 있음을 증명합니다. 따라서 낡은 시장 구조와 운영 규칙을 그대로 둔 채 송전망 확충에만 매달리는 것은, 병의 근원은 외면한 채 증상만 완화하려는 대중요법에 불과하며, 결국 더 큰 위기를 초래할 뿐입니다.

어디로도 이어지지 않는 고속도로

이재명 정부의 핵심 공약인 송전망을 대대적으로 확충하는 '에너지 고속도로' 건설은 미래 에너지 시스템을 위한 필수적인 과제입니다. 그러나 현재 대한민국의 에너지 정책 담론을 지배하는 '에너지 고속도로'라는 개념은, 문제의 본질이 자칫 거대한 하드웨어의 증설과 개편에 있다고 잘못된 프레임을 만들기 쉽습니다. 과연 송전망을 늘리는 게 정말 해법일까요? 이 비유는 에너지 문제를 단순한 물리적 용량의 문제로 축소하고, '더 많은 차선'을 건설하면 모든 것이 해결될 것이라는 잘못된 환상을 심어줄 수 있습니다. 대한민국 전력 수송의 문제의 본질은, 사실 도로의 폭이 아니라 그 위를 지배하는 낡고 불공정한 '교통 규칙'에 있습니다. 아무리 넓고 빠른 고속도로를 건설해도, 그 위를 지배하는 교통 규칙이 편파적이고 비효율적이라면 극심한 정체와 비효율을 피할 수 없다는 얘기입니다. 우리는 '도로를 얼마나 넓힐 것인가'라는 질문을 넘어, '새로운 도로 위에서 어떤 차(에너지원)를 우선하고, 어떤 교통 신호체계(제도)를 적용할 것인가'라는 본질적인 질문을 함께 던져야 합니다. 그리고 이 질문에 대한 놀랍도록 단순하고 명쾌한 해답을, 우리는 이미 제주도의 성공적인 실험에서 찾아볼 수 있습니다.

10년 가까이 제주도는 대한민국 재생에너지의 '희망'과 '딜레마'를 동시에 상징하는 곳이었습니다. 풍부한 바람과 햇빛 덕분에 재생에너지 비중이 전국 최고 수준이었지만, '육지로 가는 송전선 용량이 부족해 발전을 멈춘다'라는 설명이 고질병처럼 따라다녔습니다. 문제는 명백히 하드웨어의 한계로 진단되었습니다.

그러나 2024년 6월, 제주도에서 놀라운 실험이 시작되었습니다. 송전탑 하나 세우지 않고, 오직 '규칙'만을 바꾸는 혁신이 단행된 것입니다. '실시간 가격 입찰제'의 도입이 바로 그것입니다. 과거에는 전력망이 혼잡할 경우 행정적 판단에 따라 일방적으로 재생에너지 출력을 차단했지만, 새로운 제도는 모든 발전사업자가 15분 단위로 자신의 발전 단가를 입찰하게 했습니다[88]. 그리고 계통 혼잡이 예상되면, 발전 단가가 가장 높은, 즉 경제성이 가장 낮은 발전소부터 차례대로 출력을 줄이도록 했습니다.

결과는 극적이었습니다. 제도 시행 이후 2024년 하반기 6개월 동안 출력 제한 횟수는 전년 동기 52회에서 단 3회로 급감하며 94.2%의 감소율을 기록했습니다[89]. 10년 묵은 난제가 새로운 송전망 건설 없이, 단지 시장 규칙을 합리화하는 것만으로 사실상 해결된 것입니다. 제주도의 성공은 대한민국 전체에 강력한 메시지를 던집니다. 수십조 원의 건설 프로젝트보다 공정하고 효율적인 시장 설계가 훨씬 더 강력하고 즉각적인 해결책이 될 수 있다는 명백한 증거입니다.

제주도의 성공이 전국적으로 확산되지 못하는 이유는 대한민국의 주 전력망이 여전히 낡고 불공정한 규칙에 의해 지배되고 있기 때문입니다. 국가 전력망은 여전히 석탄, 원자력과 같은 대규모 경직성 기저 발전원에 최우선권을 부여하고, 그 결과 연료비가 '0원'인 태양광 발전을 차단하고 비싼 화석연료 발전기를 계속 가동하는 비합리적인 선택을 강요받습니다. 여기에 국제통화기금IMF이 지적했듯, 화석연료는 막대한 규모의 '보이지 않는 보조금'을 통해 인위적으로 가격 경쟁력을 유지하고 있습니다. 한국전력이 원가 이하로 전기를 공급하며 발생한 200조 원이 넘는 부채는 사실상 화석연료 중심 시스템에 대한 거대한 보조금이며, 화석연료 발전이 유발하는 막대한 사회적 비용은 전기요금에 전혀 반영되지 않아 불공정 경쟁을 심화시킵니다.

이러한 구조적 문제의 핵심에는 전력시장을 운영하는 거버넌스의 심각한 불균형이 자리 잡고 있습니다. 현재 전력시장의 규칙을 만들고 운영을 책임지는 전력거래소KPX는 당연히 발전을 맡고 있는 모든 회원사의 의견을 대변할 수 있어야 합니다. 하지만 회원사를 대표하는 비상임이사 자격이 사실상 한전과 그 발전자회사 임원에게만 독점되고 있어서, 시장의 새로운 주역으로 떠오른 6,000여 개의 태양광 발전 사업자들의 목소리는 원천적으로 배제

되고 있습니다. 여기에 전력의 수송과 판매를 담당하는 송배전망마저 한전이 독점하는 현재의 구조는, 기존의 대규모 기저 발전원(원자력, 화력)을 중심으로 설계된 '기울어진 운동장'의 평탄화 작업을 근본적으로 불가능하게 만듭니다.

이 구조는 결국 혁신과 경쟁의 싹을 자릅니다. RE100을 달성해야 하는 우리의 글로벌 기업들이 유독 대한민국에서만 어려움을 겪는 근본적인 이유가 바로 여기에 있습니다. 영국의 사례는 우리에게 명확한 대안을 제시합니다. 과거 우리와 유사한 국영 독점 체제였던 영국은 과감한 개혁을 통해 발전과 판매 시장을 민간에 개방하고 공정한 거버넌스를 확립했으며, 그 결과 영국의 재생에너지 발전 비중은 40%를 넘어섰습니다.

분산에너지 시대의 서막

세계적인 미래학자 제레미 리프킨Jeremy Rifkin은 그의 저서 『회복력 시대』[90]에서, 지난 20세기를 지배한 '효율성'의 패러다임, 즉 모든 것을 거대하게 만들고 중앙에서 통제하는 방식은 기후 변화와 같은 예측 불가능한 위기 앞에서 한순간에 무너질 수 있는 취약성을 드러내고 있다고 진단합니다. 그는 그 대안으로 자연의 생태계처럼 수평적으로 연결되고 지역 단위로 자립하는 '회복력'의 시대를 역설합니다. 이러한 시대적 전환은 우리에게 익숙했던 생존 공식을 완전히 뒤집을 것을 요구합니다. 바로 '뭉치면 죽고 흩어지면 산다'라는, 기후위기 시대의 새로운 생존 법칙을 받아들여야 한다는 것입니다.

중앙집중형 에너지 시스템이 초래할 파국적 미래를 막기 위한 해답은, 기존 패러다임을 전면적으로 전환하고 이를 국가 발전 전략의 핵심으로 삼는 데 있습니다. 그 법적, 제도적 씨앗은 이미 대한민국에 뿌려졌습니다. 바로 2024년 6월부터 본격 시행된 '분산 에너지 활성화 특별법'입니다. 이 법은 단순히 에너지 정책의 변화를 넘어 '수도권 과밀, 지방 소멸, 산업 경쟁력 약화'라는 대한민국의 3대 난제를 동시에 해결할 수 있는 가장 현실적인 청사진을 제시합니다.

전력 생산지와 소비지를 일치시키는 분산형 시스템으로의 전환은 천문학적인 송전망 건설 비용과 사회적 갈등을 원천적으로 해소하고, 국가 산업 지도를 재편하며 소멸 위기에 처한 지방에 새로운 성장 동력을 부여하는 국토 균형 발전 전략의 핵심이 될 수 있습니다.

이 법의 진정한 혁명성은 지난 반세기 동안 철옹성처럼 유지되어 온 한전의 독점 구조에 균열을 내고, '전기가 있는 곳으로 산업이 이동하는' 새로운 경제 논리를 작동시킨다는 데 있습니다. 이 법은 분산 에너지 특화 지역 지정과 지역별 차등요금제라는 두 가지 강력한 정책 수단을 제공합니다. 특화 지역은 일종의 '에너지 규제자유특구'로서, 한전의 독점망을 거치지 않고 발전사업자가 기업에 직접 전기를 판매PPA하는 것을 허용합니다. 지역별 차등요금제는 수도권처럼 전력망이 혼잡한 지역에 더 비싼 요금을, 전남처럼 전력 자급률이 높은 지역에 더 저렴한 요금을 부과해 기업의 지방 이전을 유도하는 강력한 시장 신호를 보냅니다.

에너지 전환을 위한 통합 전략

분석을 통해 드러난 대한민국의 에너지 시스템의 구조적 결함과 새로운 가능성을 바탕으로, 이제는 구체적이고 통합적인 행동 계획을 수립해야 합니다. 낡은 시스템을 연명하기 위한 땜질식 처방을 넘어, 새로운 시대를 열기 위한 과감한 외과수술이 필요합니다. 그 길은 세 가지 핵심 축, 즉 규칙의 재정립, 지도의 재편, 그리고 문지기의 개혁으로 요약될 수 있습니다.

첫째, 규칙을 재정립해야 합니다. 가장 시급하고 중요한 첫걸음은 불공정한 운동장을 바로잡는 것입니다. 제주도에서 경이로운 성공을 거둔 실시간 가격 입찰제를 검토해 전국적으로 확대하고 탄소 가격제 도입과 전기요금 정상화를 통해 화석연료의 실제 비용을 시장 가격에 반영해야 합니다.

둘째, 산업 지도를 재편해야 합니다. 낡은 중앙집중형 산업 지도를 분산형 에너지 시스템에 맞게 새로 그려야 합니다. 분산 에너지 특화 지역의 전기요금이 충분히 저렴해서 기업을 유인할 수 있도록 정부가 제도적으로 적극 지원하고, 이전하는 첨단 산업에도 법인세 감면 등을 통해 파격적인 지원을 제공해 '전기가 있는 곳으로 산업이 이동'하는 흐름을 만들어야 합니다[91]. 73조 원 규모의 중앙집중형 송전망 확충 계획에 대한 투자를 재조정해[92], 그 재원의 상당 부분을 지역 순환망 고도화에 재배치해야 합니다. 이는 대동맥 경화 치료에 집중하던 것에서 벗어나, 온몸의 모세혈관을 튼튼하게 만드는 방향으로 의료 전략을 전환하는 것과 같습니다.

셋째, 한전 중심의 전력망 독점 구조를 개혁해야 합니다. 모든 개혁은 결국 독점 구조라는 마지막 관문을 통과해야 완성될 수 있습니다. 장기적으로 전력망의 운영을 한전으로부터 분리해 공정성과 투명성을 담보하는 **독립적인 계통 운영기관을 설립**하고, 송배전망 운영은 공공성을 유지하되 발전과 판매 부문은 점진적으로 민간에 개방해 경쟁과 혁신을 유도해야 합니다.

지금 멸종 위기에 처한 것은 특정 생물 종이 아니라, 20세기에 구축된 중앙집중형, 국가 독점, 화석연료 기반의 낡은 에너지 시스템 그 자체입니다. 시스템을 유지한 채 재생에너지를 맹목적으로 확대하는 전략은 결코 성공할 수 없으며, 이미 우리는 소프트웨어의 전면 개편 없는 무분별한 태양광 확대 정책의 처참한 실패를 이미 경험한 바 있습니다. 대한민국은 명확한 선택의 기로에 서 있습니다. 공정한 시장, 치열한 경쟁, 그리고 과감한 분산화라는 21세기적 원칙에 기반해 새로운 에너지 시스템을 주도적으로 설계할 것인가, 아니면 낡은 모델에 안주하다 외부의 충격(탄소국경세, RE100 압박)으로 붕괴를 맞이할 것인가?

앞으로 10년 후에는 태양광과 풍력의 발전 단가가 지금보다 30~40% 더 저렴해질 것입니다. 2035년이 되었을 때 우리가 여전히 "전기가 남아도 못 쓴다"라는 말을 반복하고 있다면, 그것은 기술의 실패가 아니라 제도를 바꾸지 못한 우리의 실패일 것입니다. 진정한 의미의 '에너지 고속도로'는 콘크리트와 철탑으로 만드는 것이 아닙니다. 그것은 공정하고, 유연하며, 미래를 향해 열려 있는 시장과 제도로 닦는 길입니다. 그 길을 제대로 닦을 때, 비로소 햇빛과 바람이 주는 무한한 에너지는 단 한 줄기도 낭비되지 않고 대한민국 경제의 심장을 뛰게 하는 새로운 동력이 될 것입니다. 이제 우리는 낡은 지도를 불태우고, 새로운 규칙으로 미래를 설계할 때입니다.

대한민국
에너지 독립의 꿈

　전쟁과 불안한 금융시장 등 여러 어려움 속에서도 세상은 빠르게 변화하고 있습니다. 특히 산업계를 중심으로 청정에너지 전환이라는 강력한 순풍이 불고 있습니다. 기후위기 극복을 위한 글로벌 공조는 다소 약화했지만 2022년 러시아의 우크라이나 침공으로 촉발된 글로벌 에너지 위기는 각국이 에너지 안보의 중요성을 깨닫게 했고 변덕스러운 국제 정세와 특정 국가에 대한 에너지 의존이 국가 경제와 안보에 얼마나 치명적인 위협이 될 수 있는지를 목도한 세계는 외부의 영향으로부터 자유로운 자국산 에너지원 확보에 사활을 걸기 시작했습니다.

　노르웨이의 위험 관리 회사 DNV는 에너지 안보가 이제 에너지 정책의 가장 중요한 동인이 되었으며, 이것이 오히려 풍력이나 태양광과 같은 재생에너지 보급을 가속하고 있다고 분석했습니다[93]. IEA 역시 지정학적 리스크에도 불구하고 2030년까지 전 세계 재생에너지 발전 용량이 두 배 이상 증가할 것으로 예측하며, 청정에너지의 우월한 경제성과 기술 혁신, 그리고 안보적 가치가 거대한 흐름을 만들고 있음을 확인시켜 주고 있습니다. 즉, 기후 정책의 핵심 동력이 '환경'이라는 당위에서 '안보'라는 현실적 필요로 이동하고 있는 것입니다.

대한민국 2050 탄소중립의 이상과 현실

이러한 격동의 시기, 대한민국은 과연 어떤 선택을 해야 할까요? 대한민국 정부는 2020년 10월 '2050 탄소중립'을 국가 비전으로 선언한 이후 이를 구체화하기 위한 법적, 제도적 기반을 마련해 왔습니다. 2050 탄소중립의 중간 목표로 2030년까지 2018년 배출량 대비 40%를 감축한다는 매우 도전적인 국가 온실기체 감축목표NDC도 확정해 UN에 제출했습니다. 이러한 야심 찬 목표 설정은 기후위기 대응에 대한 대한민국의 강력한 의지를 국제사회에 보여주었다는 점에서 긍정적으로 평가할 수 있습니다. 그러나 이상적인 목표와 그것을 뒷받침하는 현실 사이에는 심각한 괴리가 존재했습니다. 2030년이 얼마 남지 않은 2024년 기준 대한민국은 약속했던 40% 감축에 한참 미치지 못한 성과(13%)를 보이고 있습니다.

2024년 기준, 대한민국은 에너지의 93.7%를 수입에 의존하고 있으며, 원유, 천연가스, 석탄 등 3대 에너지원의 수입액이 국가 전체 수입에서 막대한 비중을 차지하는, 세계에서 가장 취약한 에너지 안보 구조를 가진 국가 중 하나입니다. 이러한 취약한 에너지 기반 위에 세워진 대한민국의 산업 구조는 탄소중립으로의 전환을 더욱 어렵게 만드는 요인입니다. 철강, 석유화학, 시멘트와 같은 에너지 다소비 업종은 대한민국 제조업의 근간이자 수출의 핵심 동력이지만, 동시에 막대한 양의 온실기체를 배출하는 주범이기도 합니다. 정부가 제시한 2030 NDC에서 다른 부문들은 30~40%대의 높은 감축률을 목표로 하지만, 산업 부문의 감축 목표는 14.5%에 그친다는 점은 이러한 딜레마를 명확히 보여줍니다.

따라서 무탄소 전원이 국가적으로 충분히 확보되지 않은 상황에서 무리하게 감축을 강행할 경우 이는 곧바로 국내 주력 산업의 경쟁력 상실, 생산기지의 해외 이전, 그리고 대규모 일자리 감소라는 심각한 사회적, 경제적 문제로 이어질 수 있습니다. 이미 우리의 여러 기업이 재생에너지 확보에 대한 어려움으로 해외 이전을 추진하는 사례가 생기고 있어서 시급한 대책이 필요한 상황입니다.

결국 취약한 에너지 수급 구조와 탄소 집약적 산업 구조라는 두 가지 구조적 한계를 잊은 채 '넷제로'라는 탄소 감축 목표치에만 집중하는 것은, 자칫 국가적 리스크를 줄이는 것이 아니라 오히려 증폭시키는 결과를 초래할 수 있습니다.

에너지 자립의 꿈: 2050 에너지독립

'탄소중립'이 국제사회가 우리에게 부여한 의무이자 과제라면, '에너지독립'은 수십 년간 이어져 온 대한민국의 숙원이자 국가적 염원입니다. 에너지 빈국이라는 지정학적 굴레는 지난 반세기 동안 대한민국 경제의 발목을 잡는 족쇄였으며, 국제 정세의 급변 속에서 국가 안보를 위협하는 아킬레스건이었습니다.

그러나 역설적으로, 글로벌 기후위기는 대한민국에 이 오랜 굴레를 끊어내고 '에너지 기술 강국'으로 도약할 수 있는 역사적 기회의 창을 열어주고 있습니다. 화석연료 시대에서 철저히 에너지 주권이 없었던 대한민국이 미래 에너지 시대의 규칙을 스스로 만들어 나가는 '룰 메이커Rule Maker'가 되어 기술 패권 국가로 거듭나는 유일한 비전은 재생에너지와 원자력을 활용해 에너지 자립을 이루는 것, 바로 '2050 에너지독립'입니다. 이를 달성하기 위해 가장 중요한 것은 대한민국이 보유하고 있는 에너지 기술들을 빠르게 육성하고 상업화함으로써 에너지 기술 패권 경쟁을 주도해 나가야 합니다. 대한민국 2050 에너지독립을 선도할 핵심 기술들을 살펴보겠습니다.

1. 차세대 원자력을 통한 안정적 무탄소 기저 전력 확보

먼저 에너지독립을 위해 우리가 쓸 수 있는 첫 번째 카드는 안정적인 무탄소 기저 전력을 책임질 차세대 원자력, 즉 소형모듈원자로**SMR, Small Modular Reactor**입니다. SMR은 전기 출력 300MW 이하의 소형 원자로로, 주요 기기를 공장에서 모듈 형태로 제작하여 건설 현장에서 조립하는 방식으로 건설됩니다. 이는 대형 원전에 비해 건설 기간을 단축하고 비용을 절감할 수 있으며, 안전성을 획기적으로 높인 기술로 평가받고 있습니다.

물론 SMR이 넘어야 할 가장 높은 산은 기술적 난관이 아닌 사회적 수용성입니다. '원자력'이라는 단어가 주는 막연한 불안감과 '사용후핵연료 처리 문제'는 우리가 정면으로 마주하고 투명한 소통과 기술적 해법으로 풀어가야 할 숙제입니다. 이 문제를 회피하지 않고 해결할 때, SMR은 비로소 진정한 에너지독립의 주춧돌이 될 수 있습니다.

대한민국 정부는 '혁신형 SMR**i-SMR**' 개발을 국가적 과제로 추진하고 있으며, 2028년까지 표준설계인가를 획득하고 2030년대에 상용화를 이루겠다는 구체적인 로드맵을 가지고 있습니다[94]. SMR의 전략적 가치는 단순히 안정적인 무탄소 전력을 생산하는 데 그치지 않습니다.

첫째, 풍력, 태양광 등 재생에너지가 가진 본질적 한계인 간헐성을 보완하는 완벽한 파트너입니다. 날씨에 따라 발전량이 급변하는 재생에너지가 주력 전원이 될 미래 전력망에서, SMR은 전력망의 안정성을 유지하는 핵심적인 역할을 수행할 수 있을 것입니다. 또한, AI 데이터센터, 반도체 클러스터 등 미래 첨단산업이 요구하는 막대한 양의 고품질 전력을 중단 없이 공급할 수 있는 가장 현실적인 대안입니다. 전력 생산 외에도 수소 생산, 해수 담수화, 지역난방 등 다목적 활용이 가능해 국가 에너지 시스템의 유연성을 크게 높일 수 있습니다.

글로벌 SMR 시장은 2030년대에 본격적으로 개화할 것으로 예상되며, 이는 수십 년간 축적해 온 대한민국의 원전 기술력을 바탕으로 새로운 수출 산업을 창출하고 기술 패권을 확보할 절호의 기회입니다. 정부와 산업계는 '2030년대 글로벌 SMR 시장 TOP 3' 진입을 목표로 모든 역량을 결집해야 합니다.

2. 해상풍력: 삼면이 바다인 대한민국의 지정학적 축복

에너지독립을 위한 두 번째 카드는 삼면이 바다라는 대한민국의 지정학적 조건을 극대화할 수 있는 해상풍력입니다. 글로벌 풍력에너지위원회GWEC는 대한민국이 서해, 남해, 제주도에 걸쳐 총 624GW에 달하는 막대한 고정식 및 부유식 해상풍력 기술 잠재력을 보유하고 있다고 평가했습니다[95].

이는 현재 대한민국 전체 발전설비 용량인 약 150GW의 4배에 달하는 엄청난 규모입니다. 정부는 이러한 잠재력을 현실화하기 위해 '제11차 전력수급기본계획'에서 2030년까지 14.3GW의 해상풍력을 보급한다는 목표를 설정했습니다. 해상풍력은 단순히 수입산 화석연료를 대체하는 청정에너지원을 넘어, 대한민국 주력 산업과의 강력한 시너지 효과를 통해 새로운 경제 성장 동력이 될 잠재력을 품고 있습니다.

해상풍력 발전기는 거대한 타워, 블레이드, 그리고 이를 지지하는 하부구조물, 생산된 전기를 육지로 보내는 해저케이블 등으로 구성됩니다. 이는 세계 최고 수준의 경쟁력을 자랑하는 대한민국의 조선, 해양플랜트, 철강, 전선 산업의 기술력과 인프라를 최대한 활용할 수 있는 분야입니다. 실제로 국내 기업들은 이미 풍력 타워, 하부구조물(재킷), 해저케이블 등 핵심 기자재 분야에서 세계적인 경쟁력을 확보하고 있습니다. 따라서 해상풍력 산업의 육성은 에너지 자립도 제고와 동시에, 침체한 조선 및 해양 산업에 새로운 활력을 불어넣고 양질의 일자리를 창출하는 선순환 구조를 만들 수 있습니다.

물론, 이 거대한 잠재력을 현실로 만들기 위해서는 복잡하고 장기적인 인허가 절차, 어민들을 포함한 지역 주민과의 갈등, 그리고 대규모 발전단지에서 생산된 전력을 수용하기에 턱없이 부족한 송전망과 터빈 조립 및 설치를 위한 배후 항만 부족이라는 난제들이 산적해 있습니다.

특히 어민들의 삶의 터전인 바다를 공유하는 문제는 단순한 보상의 문제를 넘어, 에너지 전환의 혜택을 지역 공동체와 어떻게 공정하게 나눌 것인가에 대한 사회적 합의의 문제입니다. 이러한 문제를 해결하기 위해 정부는 2025년 3월 정부 주도로 입지를 발굴하고 환경 평가와 주민 협의를 진행하며, 인허가 절차를 획기적으로 단축하는 해상풍력 특별법을 공포한 바 있고, 2026년 시행을 앞두고 있습니다. 이 법의 핵심은 갈등을 조정하고 이익 공유 모델을 제도화해, 해상풍력이 외부의 침입자가 아닌 지역 경제와 상생하는 파트너가 될 수 있는 기틀을 마련했다는 데 있습니다.

3. 미래형 태양광으로 좁은 국토의 한계 극복

에너지독립의 세 번째 카드는 국토 면적의 한계를 기술 혁신으로 극복하게 해 줄 미래형 태양광, 특히 페로브스카이트Perovskite 태양전지입니다. 태양광은 가장 빠르게 성장하는 재생에너지원이지만, 국토가 좁고 산지가 70%에 달하는 대한민국의 지리적 여건은 대규모 태양광 발전소 건설에 명백한 한계로 작용합니다. 이 한계를 돌파할 수 있는 유일한 방법은 동일한 면적에서 더 많은 전기를 생산하는 초고효율 태양전지 기술을 확보하는 것입니다.

페로브스카이트 태양전지는 바로 그 해답을 제시하는 '게임 체인저' 기술입니다. 유기물, 무기물, 할로겐 원소를 결합한 페로브스카이트 구조의 광흡수층을 사용하는 이 태양전지는 저렴한 용액 공정으로 제작할 수 있으면서도 현재 상용화된 실리콘 태양전지의 이론적 효율 한계인 약 30%를 뛰어넘을 수 있는 잠재력을 지니고 있다고 평가받고 있습니다.

대한민국은 이 차세대 태양광 기술 분야에서 세계 최고라고 할 수 있을 만큼 강력한 연구 역량을 보유하고 있습니다. 또한 페로브스카이트 기술이 상용화되면, 제한된 국토에서도 대규모 전력 생산이 가능해질 뿐만 아니라, 효율이 높아 건물 외벽이나 창문, 차량 지붕 등 우리 생활 주변의 모든 공간을 발전소로 활용하는 도시형 분산전원 시대를 열 수 있습니다.

물론 상용화를 위해서는 반드시 넘어야 할 기술적 허들이 존재합니다. 페로브스카이트 소재는 수분과 산소에 취약해 장기적인 내구성과 안정성을 확보하는 것이 가장 큰 과제입니다. 정부는 이러한 상용화 기술 개발에 R&D 역량을 집중적으로 투입해, 우리가 확보한 기술적 초격차를 실제 산업 경쟁력으로 연결해야 합니다.

4. 전기로 안 되는 일은 그린수소로

에너지독립을 위해 우리가 쓸 수 있는 마지막 카드는 미래 에너지 시스템의 '만능열쇠'가 될 그린수소입니다. 그린수소는 태양광, 풍력 등 재생에너지에서 생산된 전기로 물을 전기 분해(수전해)해 얻는, 생산 과정에서 탄소 배출이 전혀 없는 궁극의 청정에너지입니다. 수소는 그 자체로 연소시켜 열에너지를 얻거나, 연료전지를 통해 전기를 생산하거나, 다른 화학물질의 원료로 사용될 수 있는 다재다능한 에너지 캐리어입니다.

그린수소의 가장 중요한 전략적 역할은 전기화만으로는 탈탄소화가 어려운 분야에 있어 뛰어난 해법을 제공한다는 점입니다. 고온의 열과 환원제가 필수적인 제철 공정, 나프타를 원료로 사용하는 석유화학 산업, 그리고 장거리 운송이 필요한 대형 트럭, 선박, 항공기 분야는 배터리 기반의 전기화가 기술적, 경제적으로 매우 어렵습니다. 이들 분야에서 화석연료를 대체할 수 있는 거의 유일한 대안이 바로 그린수소(또는 수소를 기반으로 한 암모니아, 합성 연료 등)입니다. 따라서 대한민국 주력 산업의 경쟁력을 유지하면서 탄소중립을 달성하기 위해서는 그린수소 경제로의 전환이 필수적입니다.

그린수소 상용화의 가장 큰 장벽은 생산 단가입니다. 현재 그린수소 생산 비용은 그레이수소(천연가스 개질)에 비해 몇 배나 비싸며, 이는 전적으로 비싼 재생에너지 전기요금과 수전해 설비 투자비 때문입니다. 따라서 그린수소 경제를 실현하기 위해서는 앞서 언급한 해상풍력과 태양광 등 대규모 재생에너지 보급을 통해 저렴한 전기를 대량으로 확보하는 것과, 수전해 설비의 효율을 높이고 국산화를 통해 가격을 낮추는 기술 개발이 동시에 이루어져야 합니다. 또한, 생산된 수소를 안전하게 저장하고 운송하기 위한 액화 플랜트, 파이프라인, 충전소 등 인프라 구축에도 막대한 투자가 필요합니다.

에너지 믹스와 선순환

지금까지 살펴본 4대 기술은 각각 독립적으로 존재하는 것이 아니라, 서로 유기적으로 연결되어 시너지를 창출하는 하나의 통합된 에너지독립 시스템을 구성합니다. SMR은 해상풍력과 태양광의 간헐성을 보완하는 안정적인 기저 전력을 공급합니다. 해상풍력과 태양광에서 발생하는 잉여 전력은 그린수소를 생산하는 데 활용되어 에너지를 저장하는 역할을 합니다. 또한 SMR의 고온 증기를 활용하면 더욱 효율적으로 수소를 생산할 수도 있습니다. 이렇게 생산된 그린수소는 전력망의 변동성을 흡수하는 완충재 역할을 함과 동시에, 산업과 수송 부문의 탈탄소화를 이끄는 핵심 연료가 됩니다. 이처럼 'SMR, 재생에너지(생산) → 그린수소(저장, 전환) → 수소 활용(소비)'으로 이어지는 선순환 구조를 완성하는 것이 바로 '2050 에너지독립' 비전의 핵심입니다.

'에너지독립'은 기술 패권 경쟁의 시대에 기술력 없이는 결코 달성할 수 없는 목표입니다. 따라서 정부는 한정된 R&D 예산을 이들 분야에 집중적으로 재배치하고, 특히 기초 연구 단계를 넘어 상용화 문턱에 있는 기술의 실증과 스케일업 지원에 초점을 맞춰야 합니다.

민간의 과감한 투자를 끌어내기 위한 혁신적인 금융 지원 시스템 구축도 시급합니다. 정부 재정과 민간 자본을 결합한 수십조 원 규모의 '에너지독립펀드'를 조성해, 장기적이고 안정적인 자금 공급 파이프라인을 마련해야 합니다. 물론 이는 절대 적지 않은 재정적 부담을 수반합니다. 그러나 우리는 이 비용을 단순한 '지출'이 아닌, 미래를 위한 가장 확실한 '투자'로 인식해야 합니다. 매년 수십, 수백조 원을 해외 화석연료 수입에 쏟아붓는 현재의 구조적 비용과 국제 정세에 따라 국가 경제가 흔들리는 안보 비용에 비한다면, 이는 오히려 미래의 더 큰 위기를 막는 가장 경제적인 선택입니다.

조성된 펀드는 기술 개발 초기 단계의 위험을 분담하고, 대규모 인프라 프로젝트에 대한 장기 저리 융자를 제공하는 역할을 수행해야 합니다. 또한, 4대 핵심 기술 분야에 투자하는 기업에 대해서는 R&D 및 시설 투자 세액공제를 대폭 확대하고, 신기술에 대한 불확실성을 완화해 줄 수 있는 다양한 정책 금융 프로그램을 마련해 민간 투자의 마중물 역할을 해야 합니다.

미래 에너지 시스템은 그에 걸맞은 새로운 인프라를 요구합니다. 정부는 미래 수요를 예측해 핵심 인프라를 선제적으로 구축하는 데 국가적 역량을 집중해야 하고, 인프라 구축 못지않게 구에너지(화석연료)에 맞춰져 있는 법과 제도 개선에도 총력을 기울여야 합니다.

'2050 에너지독립' 비전은 대한민국의 기후 외교 패러다임 또한 근본적으로 변화시킬 것을 요구합니다. 더 이상 국제사회의 감축 압박에 수동적으로 대응하는 '감축 목표 추종자'의 역할에 머물러서는 안 됩니다. 대한민국은 우리가 비교 우위를 가진 첨단 에너지 기술을 통해 글로벌 탄소중립에 실질적으로 기여하고, 동시에 미래 시장을 선점하는 '에너지 기술 선도국'으로 외교적 위상을 재정립해야 합니다.

예를 들어, 전력망이 부족하고 에너지 수요가 급증하는 개발도상국에게 SMR은 기후 변화 대응과 경제 발전을 동시에 이룰 수 있는 최적의 솔루션이 될 수 있습니다. 대한민국은 이들 국가에 SMR 기술과 건설, 운영 노하우를 패키지로 수출하는 '기술 기반 기후 ODA(공적개발원조)'를 적극 추진할 수 있습니다. 마찬가지로 그린수소 생산 기술과 고효율 페로브스카이트 태양전지 기술 등을 국제사회와 공유하고 공동 개발함으로써, 글로벌 기후 문제 해결에 기여함과 동시에 대한민국의 기술 표준을 확산시키고 새로운 수출 시장을 개척하는 선순환 구조를 만들어야 합니다. 이는 국제사회에서 대한민국의 영향력을 확대하고 국익을 극대화하는 가장 효과적인 기후 외교 전략이 될 것입니다.

위기는 기회의 다른 이름이다

기후위기와 글로벌 에너지 대전환이라는 거대한 문명사적 파고는 대한민국에 피할 수 없는 위기임이 분명합니다. 에너지의 93% 이상을 해외에 의존하는 우리에게, 화석연료 시대의 종언은 국가 경제의 근간을 뒤흔드는 실존적 위협으로 다가오고 있습니다.

그러나 역사는 위대한 국가가 위기 속에서 기회를 발견하고 자신의 운명을 개척해 왔음을 증명합니다. 지금 우리 앞에 놓인 이 거대한 위기는, 지난 수십 년간 대한민국의 숙원이었던 '에너지 자립국'의 꿈을 실현하고, 나아가 '에너지 기술 패권 국가'로 도약할 일생일대의 기회이기도 합니다.

'2050 에너지독립'은 '2050 탄소중립'이라는 국제적 규범을 외면하거나 포기하자는 주장이 절대 아닙니다. 오히려 이는 국가의 생존과 번영이라는 더 크고 실질적인 목표를 통해 탄소중립을 더욱 확실하고 지속 가능하게 달성하는, 가장 현실적이고 강력한 국가 전략입니다. '탄소 감축'이라는 의무감에 이끌려가는 수동적인 대응의 길을 넘어, 에너지 주권 확립과 미래 산업 창출이라는 희망을 향해 나아가는 능동적인 설계의 길입니다.

우리는 이미 그 길을 열어갈 강력한 잠재력을 가지고 있습니다. 세계 최고 수준의 안전성과 경제성을 목표로 하는 차세대 원전(SMR) 기술, 삼면의 바다를 활용할 무한한 잠재력의 해상풍력, 국토의 한계를 극복할 미래형 태양광(페로브스카이트) 기술, 그리고 산업의 패러다임을 바꿀 그린수소 경제에 이르기까지, '에너지독립'을 위한 4대 기술 축은 이미 우리의 눈앞에 펼쳐져 있습니다.

이외에도 에너지 저장(배터리), 스마트 전력망, 핵융합 등 대한민국은 어려운 여건 속에서도 에너지 전환시대를 주도해 나갈 원천기술들을 많이 확보하고 있습니다. 이 기술들을 유기적으로 결합해 안정적이고 효율적인 국가 무탄소 에너지믹스 시스템을 구축하는 것은 더 이상 불가능한 꿈이 아닙니다.

물론 이 여정은 절대 쉽지 않을 것입니다. 천문학적인 투자와 과감한 기술 혁신, 그리고 사회 전반의 고통스러운 변화가 수반될 것입니다. 또한 제가 제시한 4대 기술이 미래로 가는 유일한 정답이라고 단정할 수는 없습니다. 기술의 발전은 예측 불가능하며, 오늘 유망했던 기술이 내일의 한계에 부딪힐 수도 있습니다. 중요한 것은 '에너지독립'이라는 흔들리지 않는 목표를 향해, 끊임없이 기술적 대안들을 탐색하고 검증하며 가장 효과적인 경로를 유연하게 선택해 나가는 전략적 지혜입니다.

'2050 에너지독립'은 정부의 노력만으로는 결코 성공할 수 없는 범국가적 프로젝트입니다. 산업계의 과감한 투자와 혁신, 학계와 연구계의 끊임없는 기술 개발, 그리고 무엇보다 이 담대한 비전에 대한 국민 모두의 깊은 공감과 적극적인 참여가 절실합니다. '에너지독립'이라는 위대한 공동의 목표 아래 국가의 모든 역량을 결집할 때, 대한민국은 기후위기라는 거대한 도전을 넘어 새롭게 열리고 있는 에너지 전환 시대에서 한 단계 더 도약하는 새로운 역사를 쓸 수 있을 것입니다.

8장

긍정적 티핑 포인트의
마법

'개인의 책임'이라는 덫

기후위기 시대, 개인의 딜레마

기후위기 대응 담론의 중심에는 늘 개인의 책임과 역할에 대한 강조가 자리 잡고 있습니다. 소비를 줄이고, 식단을 바꾸며, 얼마나 탄소를 배출하고 살아오고 있는지를 꼼꼼히 추적하라는 요구는 기후위기 시대 성숙한 시민으로서 당연히 해야 할 일들로 자리 잡아 가고 있습니다[96]. 오래전부터 이러한 개인의 책임을 수치화하는 데 큰 역할을 해온 게 있습니다. 바로 **탄소발자국Carbon footprint**입니다. 이 개념은 미국 환경보호청EPA과 같은 정부 기관, 여러 비영리 단체, 그리고 주류 언론에 의해 널리 채택되면서 오늘날 환경 운동의 주춧돌로 자리매김했습니다[97]. 그러나 개인의 탄소발자국에 대한 강박적인 집중이 과연 진정한 변화를 위한 도구인지, 아니면 기후위기의 근본 원인으로부터 대중의 시선을 돌리기 위해 교묘하게 설계된 성공적이고 기만적인 캠페인은 아닌

지 비판적으로 성찰해 볼 필요가 있습니다.

탄소발자국의 탄생

'탄소발자국'이라는 용어와 개념을 대중화시킨 주역은 세계 최대 석유 기업 중 하나인 브리티시 페트롤리엄BP과 그들이 고용한 홍보 대행사 오길비 앤 매더Ogilvy & Mather였습니다[98]. 이 캠페인은 약 2억 달러에 달하는 막대한 예산이 투입된 전략적 프로젝트였으며, 광고계에서 상을 받을 정도로 큰 성공을 거두었습니다.

이 캠페인은 2000년경 BP가 자사의 브랜드를 "석유를 넘어서Beyond Petroleum"로 리브랜딩하면서 시작되었습니다. 캠페인의 핵심은 2004년 주류 사회에 최초로 소개된 '탄소발자국 계산기'의 등장이었습니다. 이 계산기는 개인이 운전, 식사, 여행 등 일상 활동을 통해 기후 변화에 얼마나 기여하는지를 직접 수치로 확인하게끔 교묘하게 설계되었습니다. BP의 자체 데이터에 따르면, 계산기가 출시된 첫해에만 27만 8,000명이 이를 사용했을 정도로 캠페인의 파급력은 즉각적이었습니다.

TV 광고와 인터뷰 등을 통해 전파된 캠페인의 메시지는 눈에 보이지 않는 온실기체라는 추상적 위협을 '발자국'이라는 구체적이고 개인적인 이미지로 전환했습니다. 연구자들이 분석한 바에 따르면, 이 캠페인의 명백한 목표는 "기후 변화가 거대 석유 기업의 잘못이 아니라 개인들의 잘못이라는 인식을 조장하는 것"이었습니다. 이는 기후 변화 논쟁의 프레임 자체를 기업의 책임에서 개인의 책임으로 전환하려는 의도적인 시도였던 것입니다.

석유기업 BP의 은밀한 책임 전가

사실 '발자국'이라는 은유는 BP가 창조한 것이 아닙니다. 이 개념은 1990년대 초, 캐나다의 생태학자 매티스 와커네이걸Mathis Wackernagel과 윌리엄스 리스William E. Rees가 개발한 학술적 개념인 '생태 발자국Ecological footprint'에서 차용된 것입니다[99]. 생태 발자국은 인류가 소비하는 자원과 배출하는 폐기물을 흡수하는 데 필요한 생물학적 생산 가능 면적을 총체적으로 측정하는 시스템적 지표였습니다.

그러나 BP는 이 개념을 전략적으로 축소하고 왜곡했습니다. 그들은 전체 생태 발자국의 약 60%를 차지하는 '탄소 요소'에만 초점을 맞추고, 이를 개인의 배출량 문제로 재구성했습니다. 이러한 의미론적 조작을 통해, 시스템 비판의 날카로움을 무디게 하고 개인의 자기 검열을 위한 도구로 변질시킨 것입니다.

BP의 캠페인은 전형적인 '책임 전가 마케팅Deflection Marketing'의 사례입니다. 이러한 전략은 결코 새로운 것이 아니었습니다. 코카콜라, 펩시코와 같은 기업들이 후원한 비영리 단체 킵 아메리카 뷰티풀Keep America Beautiful이 제작한 "눈물 흘리는 인디언" 광고는 쓰레기 문제의 원인을 일회용 포장재를 대량 생산하는 기업이 아닌, 쓰레기를 버리는 '사람들'에게 돌렸습니다[100].

지연을 위한 담론

화석연료 산업의 전략은 기후 변화 자체를 부정하는 단계에서 벗어나, 기후 변화의 현실은 인정하되 대응을 늦추거나 부적절한 조치를 정당화하는 더 교묘한 형태로 진화했습니다. 학계에서는 이를 "기후 지연의 담론Discourses of Climate Delay"이라 명명합니다. '탄소발자국' 서사는 이러한 지연 담론 중 하나인 책임 전가 범주의 대표적인 사례입니다[101].

개인의 책임을 수치화해 관리한다는 '탄소발자국'의 논리는 오늘날 기업들의 '넷제로'와 '탄소중립Carbon Neutral' 선언 열풍으로 이어졌습니다. 그러나 카본마켓워치Carbon Market Watch나 뉴클라이밋 연구소NewClimate Institute와 같은 기관들의 보고서에 따르면, 이러한 기업들의 선언 다수는 "과장되고, 허위이며, 오해의 소지가 있다"라는 것이 최근 연구들로 밝혀지고 있습니다. 대표적으로 이들 선언은 종종 핵심 배출량에 관한 언급을 고의로 빠뜨리거나, 실질적인 감축이 아닌 탄소 배출권에 지나치게 의존하는 등의 문제점을 안고 있습니다.

개인의 노력, 그 한계

개인의 노력으로 줄일 수 있는 배출량과 자본주의 시스템의 꽃인 기업이 배출하는 탄소 배출량 간에는 커다란 간극이 있습니다. 널리 인용되는 '탄소 주범'을 추적한 연구에 따르면, 단 글로벌 100개의 기업이 1988년 이후 전 세계 산업 온실기체 배출량의

70% 이상을 배출했음이 밝혀졌습니다.

에너지를 생산하고, 기업과 건물에서 소비하고, 교통수단을 운용하는 데서 배출되는 온실기체는 전 세계 평균 약 73%를 차지합니다. 그런데, 대한민국의 경우 무려 88%가 에너지 생산과 소비에서 나옵니다. 이는 대한민국의 경우 온실기체 배출에 있어 주된 문제가 구조적인 에너지 수급 문제에 있다는 것을 암시합니다. 이는 당연합니다. 제조업 강국인 대한민국의 산업 경쟁력은 제조업에서 비롯되고 물건을 만드는 데에는 막대한 에너지가 필요하기 때문입니다.

육류 소비를 줄이거나 항공 여행을 자제하는 등의 개인적 행동이 한 사람의 탄소발자국을 연간 수 톤씩 줄일 수는 있지만, 이는 산업 및 에너지 부문 전체의 배출량에 비하면 미미한 수준입니다. IPCC 역시 생활 방식의 변화가 온실효과를 줄이는 데 있어 상당한 잠재력을 가지고 있지만, 이는 '올바른 정책, 기반 시설, 기술'에 의해 뒷받침될 때 가장 효과적이라고 강조합니다[102].

따라서 진짜 질문은 개인이 전등을 껐는지가 아니라, "그 전기는 어디서 만들어졌는가?"가 되어야 합니다. 이는 문제를 개인의 행동에서 기반 시설과 정책의 문제로 재구성하는 핵심적인 관점의 전환입니다.

소비자에서 시민으로

'탄소발자국' 프레임에서는 개인을 구매 습관과 특정 소비 패턴을 지닌 '소비자'로 규정합니다. 소비자는 기업이 파는 물건을 수동적으로 혹은 기계적으로 구매하는 제한적인 역할을 수행합니다. 또한 그 선택지마저도 바로 우리가 바꿔야 할 시스템에 의해 제약받는 경우가 많습니다.

반면, 개인이 소비자가 아닌 시민의 관점에서는 시민 사회와 정치 시스템의 능동적인 참여자로 정의될 수 있습니다. 시민의 힘은 무엇을 사는지에서 나오는 것이 아니라 집단적 목소리, 투표권, 정책 옹호 활동, 그리고 제도에 책임을 묻는 능력에서 나옵니다. 한 하버드 연구진의 연구에서는 기업의 수사법이 우리를 "시민이기에 앞서 소비자로서 자신을 보도록 길들여왔다"라고 지적하며, 이러한 프레임의 전복이 시급함을 역설합니다[103].

시스템을 바꾸는 시민의 힘

IPCC와 세계자원연구소wRI와 같은 권위 있는 기관들은 가장 효과적인 변화의 지렛대가 어디에 있는지를 명확히 제시합니다. 『IPCC 제6차 평가보고서』는 '에너지 부문의 주요 전환', '광범위한 전기화', 그리고 '도시, 산업 및 토지 이용에 대한 정책 주도적 변화의 필요성'을 강조합니다[104]. 시민들이 일상생활의 영역을 넘

3부 인류는 어떻게 기후위기에 대처해야 하는가

어 훨씬 더 큰 영향력을 발휘할 수 있는 핵심 영역들은 다음과 같습니다.

기후 소송 운동

기후 소송은 전 세계적으로 급증하며 기후 정의를 실현하는 핵심 도구로 부상했습니다. 관련 소송 건수는 2017년 884건에서 2022년 2,180건으로 두 배 이상 증가했습니다[105]. 독일 헌법재판소가 독일 기후 보호법에 기재된 일부 조항이 2030년 이후의 탄소 감축 계획이 명확하지 않아 미래세대의 기본권을 침해한다고 위헌 결정을 내린 사건, 네덜란드의 한 환경단체가 시민들과 함께 석유 대기업 셸Shell을 상대로 제기한 소송에서 헤이그 지방법원이 기업의 '주의 의무' 위반과 인권 침해 가능성을 근거로 셸Shell에 2030년까지 탄소감축을 지시한 사건 등은 사법 시스템을 통해 정부와 기업에 책임을 물을 수 있음을 보여주는 강력한 사례입니다. 특히 셸Shell에 대한 판결은 전 세계 다른 화석연료 기업들을 상대로 유사한 소송을 제기할 수 있는 중요한 법적 선례를 남겼습니다.

화석연료 투자철회 운동

풀뿌리 시민운동으로 시작된 투자철회 운동은 전 세계 1,600개 이상의 기관이 40조 달러가 넘는 자산을 화석연료 산업에서 철수하겠다는 약속을 하도록 이끌었습니다. 이 운동의 진정한 성공은 직접적인 재정 압박보다는, 화석연료 산업에 대한 사회적 낙인을 찍어 이들 기업이 산업을 지속하기 어렵게 압박하는 데 있습니다[106].

정의로운 전환의 요구

정의로운 전환은 녹색 경제로의 이행 과정이 공정하고 평등하게 이루어지도록 보장하는 것을 목표로 합니다. 특히 화석연료 산업에 의존해 온 노동자와 지역사회가 소외되지 않도록 지원하는 데 중점을 둡니다. 독일과 스페인의 석탄 지역 지원, 그리고 대한민국 충청남도의 '정의로운 전환 조례' 제정 등은 전환 과정에서 공동체를 보호하기 위한 중요한 노력입니다.

탄소발자국 너머 함께 바꿔 가는 세상

'탄소발자국'은 거대 석유 기업의 계산된 PR 전략에서 시작해 역설적으로 기후 행동 지연의 서사를 뒷받침하는 문화적 기준으로 자리 잡았습니다. 의식적인 소비와 개인의 책임감이 그 자체로 나쁜 것은 아니지만, 기후위기라는 거대한 도전 앞에서는 위험할 정도로 불충분하다는 점이 분명합니다.

개인의 실천이 갖는 진정한 가치는 '소비자'라는 좁은 역할의 틀에서 벗어나 '깨어있는 시민'으로서의 힘을 발휘할 때 발현됩니다. 소송, 투자 철회, 정책 옹호, 연대와 같은 행동들은 더 이상 일부 활동가들의 전유물이 아닙니다. 이는 지구적 위기의 시대에 살아가는 우리 모두에게 주어진 필수적인 시민의 의무입니다. 그리고, 우리 주변에는 이러한 깨어있는 시민들에게 도움을 줄 수 있는 다양한 단체들이 있습니다. 특히 기후솔루션의 경우 전문성이 돋보이는데 법률, 정책, 재무 등 각 분야의 전문가들이 모여 구체적인 해결책을 제시한다는 점에서 단순한 환경단체나 캠페인과 큰 차별성이 있습니다. 치밀하게 작성된 보고서와 소송, 정책 제언, 국제 협력 등을 통해 책임 주체인 정부와 기업을 직접적으로 압박해 변화를 이끌어냅니다. 이렇게 잘 준비된 단체들과 시민 사회의 긍정적인 피드백은 개개인의 소비 습관 변화를 넘어, 기후위기를 초래한 시스템 자체를 바꾸는 데 기여한다는 점에서 중요한 의미를 지닙니다. 이제 개인의 탄소발자국에 대한 죄책감을 덜어내고, 공동체의 힘을 자각하며 앞으로 나아가야 할 때입니다.

파국의 메커니즘을 역이용하라

우리는 지금 작은 변화가 눈덩이처럼 커져 파국으로 치닫는 '티핑 포인트Tipping Point'의 공포가 현실이 되는 것이 아닌가 하는 두려움을 지닌 채 세상을 살아가고 있습니다. 서남극 빙상이 한번 녹기 시작하면 스스로 붕괴하는 과정에 들어서고, 시베리아의 영구동토층이 녹아내리며 막대한 메탄을 방출하는 것처럼, 기후 시스템은 임계점을 넘는 순간 되돌릴 수 없는 연쇄 붕괴로 이어질 수 있습니다[107]. 과학자들은 우리가 예상보다 훨씬 낮은 온도 상승에도 이런 파국적 변화를 맞닥뜨릴 수 있다고 경고하며, 일부는 지구가 이미 '불안정한 시기'에 접어들었다고 진단합니다[108].

이 거대한 위협 앞에서 우리는 무력감에 빠지기 쉽습니다. 하지만 영국의 기후학자 팀 렌튼Tim Lenton 교수는 바로 이 '티핑 포인트'라는 개념 속에서 절망이 아닌 희망의 실마리를 찾아야 한다고 역설합니다. 그는 "나쁜 티핑 포인트가 가져올 재앙을 막기 위한 유일한 방법은, 역으로 좋은 티핑 포인트들을 최대한 빨리 일으키는 것"이라고 강조합니다[109]. 즉, 파국을 막기 위해 파국의 메커니즘을 역이용하자는 것입니다. 티핑 포인트가 두려운 이유는 그것이 한번 시작되면 걷잡을 수 없는 '자기 강화적' 특성을 갖기 때문입니다. 그렇다면 인류에게 이로운 방향으로, 한번 시작되면 스스로 굴러가며 거대한 변화를 만들어내는 '긍정적 티핑 포인트'를 의도적으로 촉발할 수는 없을까요?

변화의 불씨

역사는 종종 한 사람의 작은 행동이 거대한 사회 변혁의 방아쇠가 되었음을 증명합니다. 팀 렌튼Tim Lenton 교수는 그의 여동생 릴리안 렌튼의 이야기에서 해답을 찾았습니다. 1913년, 영국의 젊은 여성 참정권 운동가였던 릴리안 렌튼Lilian Lenton은 런던 큐 가든의 찻집 방화 혐의로 체포되었습니다. 그녀는 옥중에서 단식투쟁을 벌였고, 당국의 부당한 대우로 인해 생명이 위태로워졌습니다. 이 사건이 알려지자 영국 사회는 충격에 빠졌고, 여성 참정권에 대한 여론이 들끓기 시작했습니다. 그녀의 희생은 사회 전체의 인식을 바꾸는 전환점이 되었고, 불과 5년 만에 영국 여성들은 투표권을 쟁취했습니다.

2018년, 15세의 스웨덴 소녀 그레타 툰베리Greta Thunberg가 시작한 '미래를 위한 금요일' 시위 역시 마찬가지입니다. 의회 앞에서의 외로운 1인 시위는 몇 달 만에 전 세계 수백만 명이 동참하는 국제적 기후 운동으로 번져나갔고, 각국 정부가 '기후 비상사태'를 선언하게 만드는 강력한 압력이 되었습니다[110].

이 두 사례는 중요한 사실을 알려줍니다. 사회적 변화는 모든 사람이 동시에 움직여야만 일어나는 것이 아니라는 것입니다. 사회학 연구에 따르면, 새로운 생각이나 행동 양식은 **전체의 약 20~25%**가 이를 받아들이는 임계점에 도달하면, 나머지 다수가 급속히 따라오는 경향이 있습니다[111]. 릴리안과 그레타의 행동은 바로 이 임계점을 향한 작은 불씨이자, 사회 전체를 움직인 긍정적 티핑 포인트의 강력한 '트리거Trigger'였던 것입니다.

기술의 보급과 산업의 혁신 역시 티핑 포인트를 통해 급격한 전환을 이룹니다. 1900년 뉴욕 5번가의 부활절 퍼레이드 사진을 보면, 거리는 온통 말이 끄는 마차로 가득하고 자동차는 단 한 대

뉴욕 5번가 부활절 거리 풍경: 1900년(왼쪽), 1913년(오른쪽)

출처: 팀 렌튼 교수 유튜브

가 겨우 보일 뿐입니다. 하지만 불과 13년 후인 1913년, 같은 장소의 사진은 완전히 다른 세상을 보여줍니다. 거리는 자동차로 가득 찼고, 이제는 마차를 찾아보기 어렵게 되었습니다.

이 극적인 변화는 어떻게 가능했을까요? 새로운 기술은 등장 초기에 비싸고 불편하지만, 어느 순간 임계점을 넘으면 폭발적으로 보급되는 'S자 곡선' 형태를 띱니다. 그 배경에는 아래와 같은 강력한 **'긍정적 강화 작용**Positive Reinforcement'이 동시에 작동합니다.

학습 효과: 생산이 늘수록 기술과 노하우가 쌓여 더 효율적인 생산이 가능해집니다.

규모의 경제: 대량 생산을 통해 제품 단가가 급격히 하락합니다.

인프라 확충: 주유소나 충전소 같은 관련 인프라가 깔리면서 기술의 효용성이 더욱 높아집니다.

이러한 선순환의 고리가 한번 맞물려 돌아가기 시작하면, 기술 보급은 더 이상 외부의 도움 없이도 스스로 굴러가는 단계에 접어듭니다.

오늘날 전기자동차 혁명이 바로 그 변곡점을 지나고 있습니다. 노르웨이는 신차 판매의 90% 이상이 전기차일 정도로 완벽한 전환을 이루었고, 전 세계적으로도 전기차 판매 비중은 기하급수적으로 늘고 있습니다. 지난 10년간 배터리 가격이 90% 가까이 폭락한 것이 결정적인 티핑 포인트가 되었습니다. 이제 자동차 산업은 내연기관의 시대에서 전기차의 시대로, 되돌릴 수 없는 전환을 시작했습니다.

에너지 시스템의 연쇄적 대전환

더욱 흥미로운 것은, 이러한 긍정적 티핑 포인트들이 서로 연결되고 증폭되며 더 큰 변화의 물결을 만들어낸다는 점입니다. 바로 '연쇄적 티핑 포인트Cascading Tipping Points'입니다.

영국은 불과 10년 만에 주력 에너지원이던 석탄 발전 비중을 40%에서 1% 미만으로 줄이는 데 성공했습니다[112].

결정적인 계기는 정부가 부과한 '탄소세'였습니다. 탄소세는 온실기체를 배출하는 주체에게 세금을 부과함으로써, 환경 비용을 경제적 비용으로 전환하는 정책입니다. 영국 정부는 탄소세율을 점진적으로 높여나가면서 석탄화력발전소 운영 비용을 많이 증가시켰습니다. 석탄 발전은 가스 발전보다 탄소 배출량이 훨씬 많기 때문에, 탄소세가 부과되자 석탄 발전의 수익성이 급격히 악화했습니다. 발전 사업자 입장에서는 더 이상 비싼 비용을 감수하며 석탄을 태우는 대신, 상대적으로 탄소 배출량이 적은 천연가스 발전으로 전환하는 것이 더 경제적인 선택이 된 것입니다. 이 작은 정책적 지렛대가 시장의 힘을 움직여 석탄 발전을 스스로 퇴출시키기 시작한 것입니다.

이렇게 저렴해진 재생에너지는 전기차 보급을 더욱 가속화합니다. 전기차는 더 이상 비싼 '그린 프리미엄'이 아니라, 값싼 전기로 운행하는 경제적인 선택지가 되기 때문입니다. 그리고 수백만 대의 전기차에 탑재된 배터리는, 날씨에 따라 발전량이 변동하는 재생에너지의 단점을 보완해 줄 거대한 '분산 에너지저장장치ESS' 역할을 할 수 있습니다. 즉 '재생에너지 확대 → 전기차 보급 촉진 → 배터리 기술 발전 → 전력망 안정화 → 더 많은 재생에너지 수용'이라는 강력한 선순환 구조가 만들어지는 것입니다.

이러한 연쇄 반응은 그린 암모니아와 같은 새로운 기술에서도 나타나고 있습니다. 친환경 비료라는 작은 틈새시장에서 시작된 그린 암모니아 생산은 규모의 경제를 통해 가격 경쟁력을 갖추게 되면서 이제는 대형 선박의 청정 연료로, 나아가 철강 산업의 탈탄소화를 이끌 핵심 기술로까지 영역을 넓혀가고 있습니다. 하나의 작은 성공이 도미노처럼 다음 단계의 혁신을 촉발하는 것입니다.

기후위기는 인류에게 실존적 위협이지만, 긍정적 티핑 포인트의 사례들은 우리에게 위기를 극복할 수 있는 강력한 무기가 있음을 보여줍니다. 팀 렌튼 교수는 기후 담론에 만연한 막연한 절망감을 경계해야 한다고 말합니다. 파국에 대한 공포는 종종 우리를 무력감에 빠뜨려 행동을 마비시키기 때문입니다.

대신 우리는 변화의 메커니즘을 이해하고, 전략적으로 개입해야 합니다. 정부의 과감한 정책, 기업의 선견지명 있는 투자, 그리고 깨어있는 시민들의 연대가 어우러질 때, 사회 곳곳에서 변화의 불씨를 지필 수 있습니다. 100년 전 릴리안 렌튼의 용기가 그랬던 것처럼, 오늘날 우리 각자도 자신의 자리에서 변화의 방아쇠가 될 수 있습니다.

미래는 정해진 운명이 아니라 우리의 행동에 따라 달라집니다. 긍정적 티핑 포인트의 힘을 믿고 행동에 나서는 것, 그것이 지금 우리가 할 수 있고 또 반드시 해야만 하는 일입니다. 우리가 포기하지 않는 한, 멸종은 없습니다.

합리적 기후 회의론에 대처하는 법

기후위기 담론의 지형이 바뀌고 있습니다. 과거에는 기후 변화 자체를 부정하는 노골적인 목소리가 존재했습니다. "지구 온난화는 거짓이다"라고 외치던 이들은 이제 시대착오적인 인물로 여겨집니다. 그러나 그 빈자리를 더 교묘하고 설득력 있는 새로운 인물들이 채우고 있습니다. 이들은 자신을 '합리적 회의주의자'라 칭하며, 과거의 부정론자들과 선을 긋습니다.

이들의 노래는 마치 고대 신화 속 사이렌의 노래와 같습니다. 겉보기에는 합리적이고 실용적으로 들리지만, 그 유혹에 빠지면 인류를 파멸로 이끌 수 있습니다. 그들의 메시지는 이렇습니다. "기후 변화는 현실이다. 하지만 경고는 과장되었고, 제안된 해결책은 문제보다 더 나쁘다. 인내심을 갖고 적응하며, 기술이 우리를 구원할 때까지 기다리자." 이는 현대 기후 회의론의 위험하고도 매혹적인 핵심 논리입니다.

이 새로운 지연 전술의 서사를 구축하는 대표적인 설계자들이 있습니다. 버락 오바마 행정부에서 과학 차관을 지낸 물리학자 스티븐 쿠닌Steven Koonin, 통계학자이자 싱크탱크 소장인 비외른 롬 보르Bjørn Lomborg, 그리고 스스로를 '환경 휴머니스트'라 칭하는 마 이클 셸런버거Michael Shellenberger가 그들입니다. 이들은 각자의 전문 분야와 화려한 경력을 바탕으로 자신들의 주장에 권위의 외피를 입힙니다.

저는 이들의 주장을 해부하고, 그 논리가 결함 있는 데이터, 오해를 유발하는 경제 모델, 그리고 검증되지 않은 미래 기술에 대한 맹목적인 믿음 위에 세워져 있음을 알려드리고자 합니다. 이 들의 논지는 사실 합리적인 정책을 위한 제언이 아니라, 결론적으 로 화석연료 세상이 좀 더 오래 유지되게 하기 위한 정교하고도 의도된 수사임을 입증해 보겠습니다.

과거의 극단적 기후 회의론자들이 기후위기 문제 자체를 부 정했던 것에 반해 이들은 해결책의 시급성과 실현 가능성을 부정 하는 것으로 전략적 전환이 이루어졌습니다. 이들의 핵심 전략을 이해하기 위해서는 한 가지 중요한 사실을 인지해야 합니다. 그들 은 온실효과의 기본 물리학을 부정하지 않습니다. 일련의 논리로 포장된 그들의 주장은 일관되게 하나의 정책적 결론, 즉 즉각적이 고 대규모적인 완화 노력을 연기해야 한다는 것으로 수렴합니다. 쿠닌은 과학이 '불확실하기' 때문에, 롬보르는 완화 정책이 '너무 비싸기' 때문에, 셸런버거는 '원자력 중심의 미래'를 기다려야 하 므로 지연을 주장합니다. 공통분모는 바로 '지연'입니다.

독자들이 반드시 이해해야 할 핵심은, 이들이 최선의 행동 방식을 찾기 위한 선의의 토론에 참여라는 것이 아니라, '지금 행동하지 않을' 명분을 쌓고 있다는 점입니다. 따라서 이들의 작업은 정직한 회의주의가 아니라, 에너지 전환을 지연시킴으로써 이익을 얻는 정치적, 경제적 집단에게 지적 명분을 제공하는 '해결책 회피Solution aversion'의 한 형태입니다. 그들이 의도했건 아니건 간에 말입니다.

지연의 설계자들

그들의 논리가 왜 설득력 있게 들리는지 이해할 수 있도록, 우선 그들의 시각에서 주장을 충실히 전달한 후 반박을 시작하겠습니다.

'불확실성'을 무기로 삼는 물리학자, 스티븐 쿠닌

첫 번째 인물은 '불확실성'을 무기로 삼는 물리학자, 스티븐 쿠닌Steven Koonin입니다. 그는 미국 오바마 행정부 에너지부에서 과학 차관을 역임한 저명한 물리학자로서, 그의 신뢰성은 바로 이 '내부자'라는 지위에서 나옵니다. 쿠닌은 자신의 저서 『지구를 구한다는 거짓말Unsettled』에서 기후과학자들이 대중에게 진실을 숨기고 있으며, 자신만이 그 '침묵의 규약'을 깨는 용기 있는 진실의 전달자라고 주장합니다. 그는 자신을 "기후 변화 부정론자"와 구분하며 지구가 더워지고 있고 인간 활동이 여기에 기여하고 있음을 인정하는 전제에서 출발합니다[113]. 하지만 그의 주된 논점은 과학이 결코 '확정되지Settled' 않았다는 것입니다. 그는 인간의 영향이 "물리적으로 작고" 자연적인 기후 변동성으로부터 명확히 구분하기 어렵다고 주장하며, 특히 기후 모델이 근본적으로 신뢰할 수 없다고 공격합니다. 모델들이 현실을 재현하기 위해 인위적인 '조정Tuning'을 거치고 모델마다 예측 결과가 다르다는 점을 문제 삼는 것입니다. 그가 비판하는 대상은 IPCC나 미국 정부의 공식 보고서 내용 자체가 아니라, 언론과 정치인, 심지어 과학계 일부가 이 보고서의 '실제 데이터'를 왜곡해 불필요한 공포감을 조장한다는 점입니다. 이러한 깊은 불확실성을 고려할 때, 그는 탈탄소화를 위한 "급진적인 변화"나 "과도한 지출"에 반대하며, 대신 기후 변화가 발생함에 따라 '적응'하는 데 초점을 맞추고 만일의 사태에 대비한 지구공학Geoengineering 연구에 투자해야 한다고 제안합니다.

'비용'을 앞세우는 통계학자, 비외른 롬보르

두 번째로, '비용'을 앞세우는 통계학자 비외른 롬보르Bjørn Lomborg가 있습니다. 그는 오랫동안 '회의적 환경주의자'라는 별칭으로 활동해 온 인물입니다. 덴마크의 정치학자이자 통계학자인 그는 『회의적 환경주의자』, 『쿨잇』, 그리고 최근작 『폴스 알람False Alarm』을 통해 환경 문제에 대한 경고가 과장되었다고 일관되게 주장해왔습니다[114]. 그 역시 "지구 온난화는 현실"이라고 인정하지만, 현재의 공황 상태는 '잘못된 경보false alarm'라고 주장합니다. 그의 분석 틀은 철저한 '비용-편익 분석'에 기반합니다. 그는 파리기후협약과 같은 야심 찬 기후 정책들이 지구 온도에 미치는 영향은 미미하지만 그 비용은 수조 달러에 달한다고 주장합니다. 더 나아가 그는 이 막대한 돈이 빈곤, 질병, 위생 문제 등 더 시급한 글로벌 문제에 사용된다면 훨씬 더 큰 효용을 낳을 것이라고 주장하는데, 이는 많은 사람들에게 강력한 도덕적 호소력을 갖습니다. 따라서 그는 현재의 기후 정책들을 비효율적이라고 일축하고, '더 똑똑한' 접근법, 즉 미래에 청정에너지를 화석연료보다 압도적으로 저렴하게 만들 '녹색 기술 혁신'을 위한 R&D 지출을 대폭 늘리는 것을 해결책으로 선호합니다. 이는 필연적으로 발생할 온난화에 대한 '적응'과 병행되어야 한다고 말합니다.

'원자력'을 내세우는 환경 휴머니스트, 마이클 셸런버거

마지막으로 '원자력'을 내세우는 환경 휴머니스트, 마이클 셸런버거Michael Shellenberger를 들 수 있습니다. 그는 환경 운동의 탕아와 같은 인물로, 과거 환경 운동가로 활동하며 타임지로부터 '환경의 영웅'으로 선정되기도 했지만 이제는 환경 운동 내부의 종말론을 비판하는 내부 고발자를 자처합니다. 그는 인간의 번영을 옹호하는 '환경 휴머니즘'을 내세우며 기존 환경 운동의 반인간적 경향에 맞선다고 주장합니다. 그의 전제는 환경주의가 인류, 특히 개발도상국의 빈곤층에게 해를 끼치는 준 종교적 현상이 되었다는 것입니다. 그는 기후 변화가 현실이지만 "세상의 종말"은 아니며, 심지어 인류의 가장 심각한 환경 문제도 아니라고 말합니다. 그의 기술적 논리의 핵심은 '에너지 밀도'가 인류 발전과 환경 보호의 열쇠라는 것이며, 이는 그가 왜 원자력 발전을 유일하고 확장할 수 있는 무탄소 해결책으로 열렬히 옹호하는지로 이어집니다. 그의 해결책은 전 세계적인 원자력 발전소의 대규모 건설이며, 풍력이나 태양광과 같은 재생에너지는 토지 사용과 자원 요구량이 많다는 점을 부각하며 적극적으로 비판하고 깎아내립니다. 그는 에너지를 저렴하고 풍부하게 만드는 것이 빈곤을 퇴치하고 결과적으로 환경을 보호하는 최선의 길이라고 주장합니다[115].

결함 위에 세워진 논리

앞서 소개된 세 인물의 주장은 겉보기에 과학적 데이터를 근거로 삼기 때문에 설득력이 있습니다. 그러나 그들이 인용한 1차 자료를 추적해 보면 데이터의 선택적 발췌Cherry-picking, 맥락 제거, 의도적인 왜곡이라는 일관된 패턴이 드러납니다.

먼저 쿠닌의 '불확실한' 사실들이 어떻게 데이터를 왜곡하는지 살펴보겠습니다. 그는 "해수면 상승 속도는 가속화되지 않았다"라고 주장하지만, 이는 부정확합니다. 1993년 이후의 위성 데이터를 포함한 모든 주요 관측 자료는 명백하고 빠른 가속화를 보여주며, 상승률은 10년마다 연간 약 1mm씩 증가하고 있습니다. 쿠닌은 현재의 추세가 특별하지 않은 것처럼 보이게 하려고 과거의 단기적인 급상승 기간(1935~1960년)을 선택적으로 인용하는 고전적인 수법을 사용합니다.

또한 그는 "그린란드 빙상은 80년 전보다 오늘날 더 빠르게 줄어들고 있지 않다"라고 주장하지만, 이 역시 사실이 아닙니다. 과학 데이터에 따르면 그린란드 빙상은 1970년대와 1980년대에는 대체로 균형을 이루었으며, 2003년~2010년 사이의 연평균 얼음 손실량은 1900년~2003년 전체 기간의 평균보다 약 2.5배 높았습니다. 손실 속도는 지난 20년간 극적으로 증가했습니다. 그가 "인간은 허리케인에 탐지 가능한 영향을 미치지 않았다"라고 주장할 때, 한 과학 논문에서 불확실성에 관한 문장을 인용하면서 바로 다음 문장인 "이러한 증가는 인간의 지문일 가능성이 높다"라는 부분을 의도적으로 누락했습니다. 이는 원저자의 결론을 정반대로 왜곡하는 명백한 자료 오용입니다.

"전 세계 화재 발생 면적은 현저하게 감소하는 추세다"라는 주장 역시 오해를 유발하는 반쪽 진실입니다. 그는 사바나 지역에서 농업을 위해 의도적으로 지르는 불의 감소와, 미국 서부, 호주, 시베리아 등지의 산림에서 기후 변화로 인해 급증하는 위험한 산불을 교묘하게 혼동합니다. 위 사례들은 데이터에서 맥락을 제거하는 쿠닌의 핵심 전략을 명확히 보여줍니다. 과거의 특정 데이터 포인트에만 집중하고 더 넓은 추세, 가속도, 그리고 인간 활동과의 과학적 인과관계를 무시함으로써 그는 왜곡된 그림을 그려냅니다. 기후과학에서는 절대적인 값보다 '변화의 속도'가 더 중요할 때가 많은데, 그의 주장은 이러한 과학적 소양의 핵심적인 시험대를 통과하지 못하도록 설계되었습니다.

롬보르의 기울어진 경제 모델과 거짓 이분법 또한 문제입니다. 그는 파리기후협약이 막대한 비용이 들지만 거의 아무것도 성취하지 못할 것이라고 주장합니다. 하지만 이는 각국이 초기의 2030년 목표 이후 아무런 추가 조치를 하지 않을 것이라는 결함 있는 가정에 기반합니다. 파리기후협약은 시간이 지남에 따라 각국의 목표를 상향 조정하는 '래칫 메커니즘Ratchet mechanism'으로 설계되었지만, 롬보르의 모델은 나쁜 결과를 의도적으로 얻어내기 위해 미래 각국의 감축 노력을 동결시킨 후 계산합니다. 그가 재생에너지는 막대한 보조금으로 유지되는 비효율적인 돈 낭비라고 주장할 때는, 재생에너지 보조금을 훨씬 능가하는 전 세계적인 화석연료 보조금의 거대한 규모를 일관되게 무시하거나 축소해 매우 불공정한 비교를 합니다.

셸런버거의 거짓 이분법도 마찬가지입니다. 그는 재생에너지가 신뢰할 수 없고 토지 집약적이며 현대 문명을 지탱할 수 없으므로 오직 원자력만이 가능하다고 주장합니다[116]. 이는 거짓된 선택지를 제시하는 것입니다. IEA를 포함한 대부분의 주류 에너지 시나리오는 재생에너지, 원자력, 에너지 저장 장치, 그리고 전력망

개선을 결합하는 포트폴리오 접근 방식이 필요함을 보여줍니다. 가장 저렴하고 빠르게 성장하는 에너지원을 깎아내림으로써 그는 현실적인 해결책이 아닌 경직된 이데올로기적 해결책을 강요하고 있습니다.

이처럼 이들의 주장의 중심에는 기후 행동이 경제적으로 감당할 수 없는 부담이라는 전제가 깔려 있습니다. 그러나 이러한 경제적 기반은 이미 무너졌습니다. 라자드Lazard, 국제재생에너지기구IRENA, 블룸버그NEFBNEF와 같은 권위 있는 기관들의 최신 데이터는 이 전제가 거짓임을 명백히 보여줍니다. 보조금을 제외한 균등화 발전원가LCOE 기준으로, 신규 발전소 건설 시 유틸리티 규모 태양광과 육상 풍력은 이미 석탄 및 가스 발전을 압도하는 가장 저렴한 에너지원입니다. 라자드의 2024년 보고서에 따르면, 유틸리티 규모 태양광의 LCOE는 메가와트시MWh당 29~92달러, 육상 풍력은 27~73달러인 반면, 석탄은 69~169달러, 가스 복합화력은 38~115달러에 달합니다. 특히 태양광의 LCOE는 2009년 이후 약 83% 하락했으며, 2024년에 새로 가동된 재생에너지 프로젝트의 91%는 가장 저렴한 신규 화석연료 발전소보다 더 저렴한 전력을 공급했습니다.

따라서 지연주의자들의 경제적 주장은 근본부터 흔들리고 있습니다. 재생에너지로의 전환은 더 이상 환경적 당위성만의 문제가 아니라 경제적 필연성의 문제가 되었습니다. 논쟁의 초점은 "우리가 친환경으로 전환할 여유가 있는가?"에서 "우리가 전환하지 않을 여유가 있는가?"로 바뀌었습니다.

기술만능주의라는 위험한 유혹

3명의 회의론자들의 주장을 관통하는 하나의 공통된 점이 있다면, 그것은 바로 '기술만능주의Techno-solutionism'에 대한 맹목적인 믿음입니다. 기술만능주의란 정치적, 사회적, 행동적 변화 없이 오직 기술만으로 기후위기와 같은 복잡한 문제를 해결할 수 있다는 신념입니다.

이는 현대 회의론자들의 주장에서 핵심적인 역할을 합니다. 왜냐하면 문제를 인정하면서도 가장 어려운 해결책, 즉 현재의 에너지 및 경제 시스템에 대한 근본적인 변화를 무기한 연기할 수 있는 완벽한 명분을 제공하기 때문입니다.

그들의 주장은 대중에게 도덕적, 지성적 '탈출구'를 제공합니다. 미래 기술에 대한 믿음을 표방함으로써, 당장 필요한 어려운 정책(탄소세, 재생에너지 의무화 등)에 반대하면서도 자신을 진보적이고 미래지향적인 사람으로 포지셔닝할 수 있게 합니다. 그들이 제시하는 해결책들(차세대 원자력, 지구공학, 탄소 포집)의 공통점은 실현 시점이 편리하게도 미래로 미뤄져 있다는 것입니다. 이는 문제 해결의 책임을 미래 세대와 미래 기술에 떠넘기는 위험한 도덕적 해이를 낳습니다. 그것은 인류의 독창성에 대한 믿음으로 포장된, 궁극적인 '폭탄 돌리기'입니다.

그러나 이들이 옹호하는 '기적의' 기술들이 현실적으로 가능한지 평가해 볼 필요가 있습니다.

소형모듈원자로 & 핵융합

- 소형모듈원자로SMR: SMR은 단기적인 해결책이 아닙니다. 국제에너지기구IEA는 최초의 상업용 SMR 프로젝트가 2030년경에 가동될 것으로 예상하지만, 광범위한 보급과 비용 경쟁력 확보에는 2035년 이후까지 훨씬 더 오랜 시간이 걸릴 것입니다.

- 핵융합: 이는 훨씬 더 먼 미래의 이야기입니다. 국제핵융합실험로 ITER 프로젝트의 첫 중수소–삼중수소 실험은 2035년 이후로 예정되어 있으며, 이 실험로는 전기를 생산하지도 않습니다. 상업적 실현 가능성은 가장 낙관적으로 보아도 2040년대 이후로 예측됩니다[117]. 따라서 이 기술들은 시급한 2030년 배출량 감축 목표와는 무관합니다.

탄소 포집 CCUS

- 현황과 비용: CCUS는 암모니아나 에탄올 생산 공정처럼 고순도의 이산화탄소가 배출되는 일부 산업에서만 비용 효율적입니다[118]. 발전소나 시멘트 공장처럼 저농도 배출원에서는 포집 비용이 엄청나게 비쌉니다[119].

- 규모의 한계: 현재 전 세계적으로 계획된 CCUS 설비 용량은 넷제로

시나리오에서 2030년까지 필요한 양의 약 40%에 불과합니다[120].
이는 CCUS가 화석연료의 '면죄부'가 아니라, 배출량 감축이 극도로
어려운 일부 산업에 국한된 틈새 기술임을 시사합니다.

　진정한 해결책은 기적을 기다리는 데 있지 않습니다. 우리가
이미 손에 쥐고 있는 다양하고 검증된 해결책들의 보급을 가속하
는 데 있습니다. 기후위기 대응의 성패는 미래의 불확실한 기술이
아니라, 현재 우리의 선택과 행동에 달려있습니다. 다행스럽게도
현실 세계에서는 이미 거대한 에너지 전환은 시작되고 있습니다.
기술에 대한 환상과 믿음을 버리고 현재 실현한 기술이 무엇인지
파악해 빠르게 기후위기 극복을 위한 행동에 나서는 것만이 인류
의 절멸을 막는 유일한 길입니다.

기후 변화라는 '문제'를
'기회'로 바꾸는 법

우리는 기후 변화를 이야기할 때 흔히 '인류가 풀어야 할 거대한 숙제' 혹은 '반드시 막아야 할 재앙'이라고 말합니다. 미디어는 해수면 상승으로 잠기는 도시와 타들어 가는 숲을 보여주며 공포를 자극하고, 각국 정부는 '2050년까지 탄소중립 달성'과 같은 거대하고 추상적인 목표를 제시합니다. 이 모든 이야기는 하나의 전제를 깔고 있습니다. 기후 변화는 '문제'이고, 우리는 그것을 '해결'해야 한다는 것입니다.

저명한 기후학자 마이크 흄Mike Hulme 교수는 바로 이 지점에서 대담한 관점의 전환을 요구합니다[121]. 그는 기후 변화가 오존층 파괴처럼 기술과 정치력으로 완전히 '해결Solve'할 수 있는 종류의 문제가 아니라고 주장합니다. 기후 변화는 환경적, 문화적, 정치적 현상이 복잡하게 얽힌, 인류가 맞이한 새로운 '조건'이라는 것입니다.

'해결'이라는 단어의 함정

우리는 '육아 문제'나 '노화 문제'를 '해결'해 없애버릴 수 있다고 생각하지 않습니다. 육아와 노화는 우리가 지혜롭게 관리하고 적응하며 함께 살아가는 삶의 과정입니다. 흄 교수에 따르면 기후 변화도 마찬가지입니다. 인류의 영향력이 자연과 뒤섞여버린 지금, 산업혁명 이전의 기후로 돌아가는 것은 사실상 불가능합니다. 흄 교수의 아이디어에 대해 깊이 있게 들여다본 후 저 역시 기후위기를 바라보는 시각이 바뀌었습니다. 인류의 역사를 되돌아보십시오. 후퇴한 적이 있나요? 우리는 결국 더 많은 에너지를 쓸 것이고 더 넓은 지식의 지평과 물질적 경계의 확장을 추구할 것은 자명합니다. '해결'이라는 단어는 우리에게 불가능한 목표를 제시하며 좌절감만 안겨줄 뿐입니다. 이제는 이 새로운 조건 속에서 어떻게 더 잘 살아갈 것인지를 고민해야 할 때입니다.

기후 변화에 대한 우리의 의견이 하나로 모이지 않는 이유는 과학적 데이터가 부족해서가 아닙니다. 이는 우리의 서로 다른 신념과 가치관, 그리고 미래에 대한 비전이 충돌하기 때문입니다.

- 경제 성장을 최우선으로 여기는 사람에게 탄소세는 사업에 대한 공격으로 보입니다.
- 사회 정의를 중시하는 사람에게 기후 변화는 서구식 과소비와 불평등의 결과물입니다.

• 금융 자본가에게는 탄소배출권이라는 새로운 상품 시장의 기회로 보입니다.

이처럼 우리는 각자의 세계관이라는 렌즈를 통해 기후 변화를 바라봅니다. 하나의 과학 보고서나 기술적 해법이 이 모든 가치관의 충돌을 잠재울 수는 없습니다. 오히려 "우리가 정답이다"라고 외치는 단 하나의 목소리는 갈등을 키울 뿐입니다.

너무 멀고 추상적인 목표가 주는 무력감

"50년 뒤 북극곰을 구하기 위해 오늘 불편을 감수합시다"라는 구호는 얼마나 큰 울림을 줄까요? '2050년까지 지구 평균 기온 상승을 막자'와 같은 목표는 너무나 멀고 추상적이어서 우리에게 어떤 심리적 동기부여도 주지 못합니다. 다이어트할 때 '체중 50kg 감량!'이라는 막연한 목표보다 '오늘 저녁은 샐러드 먹기'라는 구체적인 실천이 더 효과적인 것과 같습니다.

흄 교수는 바로 이 지점에서 대안을 제시합니다. **"지금, 여기에서" 혜택이 눈에 보이는 행동에 집중하자는 것입니다.** 우리가 전기차로 바꾸는 이유는 '지구의 미래'라는 거창한 명분 때문이 아니라 '당장 우리 동네의 매연이 줄고 아이의 기관지가 편안해지는 것' 때문일 수 있습니다. 옥상에 태양광 패널을 설치하는 이유가

'지구 평균 기온을 낮추기 위해서'가 아니라 '이번 달 전기 요금이 눈에 띄게 줄어드는 것' 때문으로 바뀌어야 세상이 바뀔 수 있습니다. 태양광 패널을 사용하라고 강권하는 게 아니라 태양광 패널을 설치하는 게 개인의 이익이 될 수 있도록 최선의 노력을 다하는 것입니다. 이것이 국가가 해야 할 일 아닐까요?

이처럼 기후 변화라는 거대한 아이디어가 우리 행동의 '계기'가 될 수는 있지만, 그 행동을 지속시키는 힘은 **나와 내 공동체에 돌아오는 가깝고 구체적인 이익**에서 나옵니다.

재앙에서 '상상력의 자원'으로

결국 흄 교수의 제안은 기후 변화라는 아이디어를 두려움과 공포의 대상이 아니라, 우리 사회를 더 나은 방향으로 이끄는 '창의적인 상상력의 자원'으로 활용하자는 것입니다.

생각해 보면 우리는 이미 그렇게 하고 있습니다. 기후 변화라는 거대한 '자극'이 있었기에 인류는 재생에너지 기술을 혁신하고, 내연기관차의 종말을 이야기하며, 도시의 교통 시스템을 인간 중심으로 재설계하기 시작했습니다. 예술가들은 기후 변화를 주제로 새로운 영감을 얻고, 철학자들은 미래 세대에 대한 우리의 윤리적 책임을 성찰하며, 평범한 시민들은 도시 농업과 지역 먹거리를 통해 새로운 공동체를 만들어가고 있습니다.

이러한 움직임들은 전 세계적인 단일 합의가 없어도 각자의 자리에서 다양하게 피어날 수 있습니다. 바로 이것이 더 현실적이고 희망적인 접근법입니다.

기후 변화를 '막아야 할 적'으로 규정하는 순간, 우리는 승리할 수 없는 전쟁을 시작하는 것과 같습니다. 하지만 관점을 바꾸어 기후 변화를 '우리가 더 나은 세상을 만들기 위해 활용할 수 있는 조건이자 계기'로 본다면 어떨까요? 이것은 결코 포기나 체념이 아닙니다. 오히려 우리를 짓누르던 무력감에서 벗어나, 각자의 자리에서 희망을 만들고 실질적인 변화를 이끌어내는 가장 적극적이고 현실적인 길일지 모릅니다.

보이지 않는 위기, 함께 만드는 희망

이산화탄소는 보이지 않습니다. 이것이 기후위기가 우리가 겪어온 다른 모든 위기와 근본적으로 다른 점입니다. 대기오염으로 하늘이 뿌옇게 변하면 우리는 즉각 반응하고, 강물이 오염되어 물고기가 떼죽음을 당하면 분노합니다. 그러나 이산화탄소는 색도, 냄새도, 맛도 없습니다. 전혀 느낄 수 없습니다.

430ppm

대기 중 이산화탄소 농도가 인류사 최초로 430ppm을 넘어섰다는 소식이 들려왔습니다.

우리 조상들이 280ppm 세상에서 문명을 일군 이래 단 한 번도 경험하지 못한 수치입니다. 불과 200년 만에 일어난 이 거대한 변화 앞에서도, 거리를 걷는 사람들의 일상은 평온해 보였습니다. 이것이 바로 기후위기가 가진 가장 무서운 역설입니다. 가장 심각한 위기가 가장 조용히, 우리 곁으로 다가오고 있습니다.

이 책을 쓰며 저는 두 가지 극단을 경계하고자 했습니다. 하나는 모든 것을 체념하게 만드는 파국적인 멸종론이고, 다른 하나는 현실을 외면하는 무책임한 부정론입니다. 두 목소리 모두 우리를 미래로 나아가게 하는 힘을 앗아간다는 점에서 닮아있습니다.

과학자로서 저는 데이터와 증거를 통해 이야기해야 합니다. 데이터는 명확히 경고합니다. 기후 변화는 실재하며, 이대로 간다면 우리는 혹독한 결과에 직면할 것입니다. 그러나 데이터는 동시에 다른 가능성을 보여줍니다. 우리에게는 아직 시간이 있고, 해결할 기술과 지혜가 있다고 말입니다.

이산화탄소가 보이지 않듯, 희망 또한 처음에는 잘 보이지 않습니다. 하지만 조금만 찬찬히 들여다보면, 이미 곳곳에서 희망의 씨앗이 싹을 틔우고 있음을 발견하게 됩니다.

2000년대 초반만 해도 비싸고 비효율적이라 여겨졌던 태양광과 풍력은 이제 가장 저렴한 에너지원이 되었습니다. 소수의 호기심이었던 전기차는 도로의 주류가 되어가고 있고, 낯선 개념이었던 ESG 경영은 이제 기업의 생존을 위한 필수 조건이 되었습니다. 변화는 이미 시작되었고, 그 속도는 우리가 생각하는 것보다 훨씬 빠르게 붙고 있습니다.

물론 우리는 더 빨리 움직여야 합니다. 지금의 속도로는 충분하지 않습니다. 더 과감하고, 더 혁신적이며, 무엇보다 더 따뜻한 연대로 서로를 이끌어야 합니다. 이것은 단순히 환경 문제가 아니라, 우리 문명의 지속가능성과 '우리가 다음 세대에게 어떤 세상을 물려줄 것인가'에 관한 존엄의 문제입니다.

인류는 농업혁명, 산업혁명을 거치며 위대한 전환을 이뤄왔습니다. 그리고 지금, 우리는 화석연료 시대에서 지속 가능한 에너지 시대로, 선형 경제에서 순환 경제로, 자연을 착취하는 문명에서 자연과 공존하는 문명으로 나아가는 또 한 번의 중대한 전환점 위에 서 있습니다.

이 여정은 결코 쉽지 않을 것입니다. 때로는 좌절하고 두려움에 휩싸일지도 모릅니다. 그러나 중요한 것은, 우리가 이 길을 '함께' 걷고 있다는 사실입니다. 과학자, 정치인, 기업가, 활동가, 교사, 학생, 부모…. 우리 모두가 각자의 자리에서 해야 할 일이 있습니다.

이산화탄소는 보이지 않지만, 우리의 행동은 보입니다. 우리가 심는 한 그루의 나무, 우리가 설치하는 하나의 태양광 패널, 우리가 선택하는 대중교통과 저탄소 제품, 그리고 더 나은 세상을 위해 던지는 한 표가 모여 '보이는 희망'을 만듭니다.

시인 윌리엄 버틀러 예이츠는 "최악의 인간들은 확신에 차 있고, 최선의 인간들은 열정이 부족하다"라고 했습니다. 기후위기 시대에 우리는 이 말을 뒤집어야 합니다.

'최선의 사람들'이 따뜻한 확신과 뜨거운 열정으로 가득한 세상을 만들어야 합니다.

기후위기는 현실입니다. 그러나 희망 또한 분명한 현실입니다. 멸종은 정해진 미래가 아닙니다. 그것은 우리가 내리는 수많은 선택의 결과 중 하나일 뿐이며, 우리에게는 다른 미래를 선택할 힘이 있습니다. 우리가 서로의 손을 잡고 함께 답을 찾아 나선다면, 그 여정의 끝에서 우리는 분명 더 단단하고 지혜로운 문명을 마주하게 될 것입니다.

2025년 겨울, 부경대학교 연구실에서

김백민

미주

1부

1 WMO: State of the Global Climate 2024, WMO Publication No. 1368.

2 Global Energy Monitor: Boom and Bust Coal 2025: Tracking the Global Coal Pipeline, 2025.

3 Falkner, R.: The Paris Agreement and the New Logic of International Climate Politics, International Affairs, 2016.

4 Storch, H. and Claussen, M.: Mike Hulme: The gentleman understanding climate beyond the fascination of differential equations, 2021.

5 Wayens et al.: Perceptions of Carbon Dioxide Emission Reductions and Future 6. Warming Among Climate Experts, Nature Communications, 2024.

6 IPCC: Climate Change 2023: Synthesis Report, 2023.

7 IEA: World Energy Outlook 2023, 2023.

8 Pielke & Ritchie: Distorting the View of Climate Future: The Misuse and Abuse of 10. Climate Pathways and Scenarios, Energy Research & Social Science, 2021.

9 Hausfather, Zeke & Peters, Glen: Emissions—"The Business-as-Usual Story Is Misleading", Nature, 2020.

10 Pielke, Roger Jr.: Statement of Dr. Roger Pielke Jr. to the Committee on the Budget of the United States Senate, 2023.

11 국제에너지기구(IEA): Global EV Outlook 2024, 2024.

12 IEA: Renewables 2022. IEA, 2022.

13 ABN AMRO: SustainaWeekly: The Decoupling of Emissions and Economic Growth, 2023.

14 국사편찬위원회: 『조선왕조실록 - 현종실록 18권』

15 Fagan, Brian: The Little Ice Age: How Climate Made History 1300-1850.

16 Eddy, J. A.: The Maunder Minimum, Science, 192(4245), 1189-1202, 1976.

17 Miller, G. H. et al.: Abrupt Onset of the Little Ice Age Triggered by Volcanism and Sustained by Sea-Ice/Ocean Feedbacks, Geophysical Research Letters, 39(2), 2012.

18 Yoshioka et al.: Warming Effects of Reduced Sulfur Emissions from Shipping, Atmospheric Chemistry and Physics, 24, 13681-13692, 2024.

19 Self, S. et al.: The Atmospheric Impact of the 1991 Mount Pinatubo Eruption, NASA Technical Report Server, 1999.

20 Seo et al.: Hourly Extreme Rainfall Projections over South Korea Using Climate Scenarios, npj Climate and Atmospheric Science, 2025.

21 Arctic Council: Shifting Winds: How a Wavier Polar Jet Stream Causes Extreme Weather Events, 2024.

22 WMO: WMO Atlas of Mortality and Economic Losses from Weather, Climate and Water Extremes (1970-2019), 2021.

23 Grove, Richard H.: Global Impact of the 1789-93 El Niño, Nature, 393:318-319, 1998.

24 Jaffe, Alan: Staffing Cuts at NWS and the Tragic Flooding in Texas, FactCheck.org, 2025.

25 Weikinn, Curt: 『기원 후부터 1850년까지 유럽의 기상사 자료집』, 베를린 출판 아카데미, 1958.

2부

26 스티브 J. 파인, 『불의 시대』, 한국경제신문, 2025.

27 에드 콘웨이, 『물질의 세계』, 인플루엔셜, 2023.

28 Arrhenius, Svante: On the Influence of Carbonic Acid in the Air upon the Temperature of the Ground, Philosophical Magazine and Journal of Science, 1896.

29 Charney, Jule G. et al.: Carbon Dioxide and Climate: A Scientific Assessment, National Academy of Sciences, 1979. 이 보고서는 '차니 보고서(Charney Report)'로 널리 알려져 있습니다.

30 Smil, Vaclav: Energy and Civilization: A History, The MIT Press, 2018.

31 Wrigley, E. A.: Energy and the English Industrial Revolution, Cambridge University Press, 2010.

32 IEA: The Path to a New Era for Nuclear Energy, 2025.

33 Ball, Philip: The Race to Fusion Energy, Nature, 2021.

34 Kardashev, N. S.: Transmission of Information by Extraterrestrial Civilizations, Soviet Astronomy, 1964.

35 제레미 리프킨, 『글로벌 그린 뉴딜』 민음사, 2020.

36 토니 세바, 『에너지혁명 2030』 교보문고, 2015.

37 Lazard: Levelized Cost of Energy Analysis - Version 17.0, 2023. (태양광 및 풍력 발전 단가 하락 데이터)

38 Wright, Theodore Paul: Factors Affecting the Cost of Airplanes, Journal of the Aeronautical Sciences, 3(4), 122-128, 1936.

39 Roser, Max: Why Did Renewables Become So Cheap So Fast? And What Can We Do to Use This Progress to Tackle Climate Change?, Our World in Data, 2023.

40 IRENA: Renewable Capacity Statistics 2024, 2024.

41 IEA: Global Energy Review 2025: CO_2 Emissions, 2025.

42 Carbon Brief: Analysis - Global CO_2 Emissions Will Reach New High in 2024 Despite Slower Growth, 2024.

43 Centre for Research on Energy and Clean Air: EU's CO_2 Emissions Fall 2.9% in 2024 but Rise Outside the Power Sector, 2024.

44 Grist: Renewables Surged in 2024 — But So Did Fossil Fuels, 2024. (미국 데이터 포함)

45 IEEFA: Drumbeat of Coal Plant Closures to Continue in 2025, 2025. (영국 석탄 사용량 데이터)

46 Carbon Brief: Analysis - Clean Energy Just Put China's CO_2 Emissions into Reverse for the First Time, 2024.

47 World Economic Forum: Global Energy Transition: Tracking China's Falling Emissions, 2025.

48 IRENA: Record-Breaking Annual Growth in Renewable Power Capacity, 2025.

49 Jevons, W. S.: The Coal Question: An Inquiry Concerning the Progress of the Nation, and the Probable Exhaustion of Our Coal-Mines, Macmillan and Co., 1865.

50 DNV: Energy Transition Outlook 2023. DNV, 2023.

51 Leonard: Renewable Energy and the Land Use Conundrum, 2022.

52 Van Nuffel, Luc 외, 『Sector Coupling: How Can It Be Enhanced in the EU to Foster Grid Stability and Decarbonise?』 브리셀: 유럽의회, 2018.

53 Wood Mackenzie: China's Solar Supply Chain - Risks and Opportunities, 2021. (신장 지역의 석탄 기반 폴리실리콘 생산 언급)

54 BP: Statistical Review of World Energy 2023, 2023. (중국의 석탄 소비량 언급)

55 Global Energy Monitor: Boom and Bust 2023 - Tracking the Global Coal Plant Pipeline, 2023. (중국의 석탄 발전 증설량과 재생에너지 증설량 비교 언급)

56 IEA: Energy and AI, 2025.

57 EcoFlow Blog: Is AI and Data Center Growth Fueling an Energy Crisis?, 2025.

3부

58 UNEP: Emissions Gap Report 2023 - Broken Record: Temperatures Hit New Highs, Yet World Fails to Cut Emissions (Again), 2023.

59 Smil, Vaclav: Energy and Civilization: A History, The MIT Press, 2018.

60 IPCC: AR6 Synthesis Report - Climate Change 2023, 2023.

61 기상청·환경부: 『한국 기후 변화 평가보고서 2020』, 2020.

62 기상청·환경부: 『한국 기후 변화 평가보고서 2020』, 2020.

63 국립수산과학원: 『2024 수산분야 기후변화 영향 및 연구 보고서』, 2024.

64 국립해양조사원: 『2023년 연안 해수면 변동 분석 결과』, 2024.

65 환경부: 『제3차 국가기후위기적응대책』, 2020.

66 기상청·환경부: 『한국 기후 변화 평가보고서 2020』, 2020.

67 One Concern: Simulating Disaster with a Digital Twin - Kumamoto City, 2021.

68 Jupiter Intelligence: Jupiter ClimateScore Global, 2024.

69 ANYbotics: ANYmal for Offshore Oil & Gas Inspection, 2024.

70 University of Liverpool News: Pothole-Fixing Robot Passes Road Test, 2023.

71 DroneSeed: Scaling Reforestation with Drones, 2024.

72 Forbes: Plenty - The AgTech Startup That Slashes Water Use by 99%, 2023.

73 Public Utilities Board, Singapore: Smart Water Grid, 2024.

74 IPCC: Climate Change 2022 - Impacts, Adaptation and Vulnerability, 2022.

75 IPCC: Special Report on Climate Change and Land, Chapter 5, 2019.

76 Sidhu, B. S. et al.: Likely Impacts of the 2022 Heatwave on India's Wheat Production, ResearchGate, 2023.

77 Schlenker, W. & Roberts, M. J.: Nonlinear Temperature Effects for U.S. Corn and Soybeans, Proceedings of the National Academy of Sciences, 106(37), 15594-15598, 2009.

78 IPCC: AR6 Synthesis Report - Climate Change 2023, 2023.

79 Jägermeyr, J., Müller, C., Ruane, A. C. et al.: Climate Impacts on Global Agriculture Emerge Earlier in New Generation of Climate and Crop Models, Nature Food, 2, 893-905, 2021.

80 Hannah, L. et al.: The Environmental Consequences of Climate-Driven Agricultural Frontiers, Conservation Letters, 13(3), e12712, 2020.

81 Welton, G.: The Modern Geopolitics of Food: The Case of the Russian Federation, Global Tides, 5(1), 1, 2011.

82 United Nations Department of Economic and Social Affairs, Population Division: World Population Prospects 2022 - Summary of Results, UN DESA/POP/2022/TR/NO.3, 2022.

83 IPCC: AR6 Synthesis Report - Climate Change 2023, 2023.

84 European Parliament: Precision Agriculture and the Future of Farming in Europe, 2013.

85 IEA: Electricity 2024, 2024.

86 Greenpeace: Powering the AI Boom - How Tech's Climate Pledges Are Being Put to the Test, 2023.

87 에너지경제연구원: "중국 CREEI, 2024년 중국 재생에너지 발전 보고서 발표", 2025.

88 NEOM 공식 보도자료(2023.05.22.) (neom.com/en-us/newsroom/neom-green-hydrogen-investment)

89 전력거래소: 『제주 시범사업을 통한 전력시장 선진화 방안 연구』, 2024.

90 전기신문: 「두 달간 118GW 출력제어…전력당국 히든카드 꺼내나」, 2025.05.22.

91 제레미 리프킨, 『회복력 시대』 민음사, 2022.

92   산업통상자원부: 「뉴스·알림」, 2025.05.21.

93   IEA: Renewable Electricity - Renewables 2025 - Analysis, 2025.

94   베타뉴스: 「소형모듈원자로(SMR) 기술 현황과 한국의 대응 상황」, 2025.

95   GWEC, "한국, 풍력 발전 잠재력 높은 시장.. 재생 에너지 전환 전략 부족," Daum 뉴스, Accessed October 15, 2025. (v.daum.net/v/8lZxoltsL1)

96   Wikipedia: Individual Action on Climate Change, 2025.

97   U.S. Environmental Protection Agency: Carbon Footprint Calculator, 2025.

98   The Guardian: Big Oil Coined 'Carbon Footprints' to Blame Us for Their Greed. Keep Them on the Hook, 2021.

99   Wikipedia: Ecological Footprint, 2025.

100   Mashable: The Carbon Footprint Sham, 2025.

101   Lamb, W. F. et al.: Discourses of Climate Delay, Global Sustainability, 2020.

102   IPCC: The Evidence Is Clear - The Time for Action Is Now. We Can Halve Emissions by 2030, 2022.

103   Grist: Study - ExxonMobil's Language Shifts the Blame for Climate Change, 2021.

104   IPCC: The Evidence Is Clear - The Time for Action Is Now. We Can Halve Emissions by 2030, 2022.

105   UNEP: Global Climate Litigation Report - 2023 Status Review, 2023.

106   MDPI: Impacts of the Fossil Fuel Divestment Movement - Effects on Finance, Policy and Public Discourse, 2018.

107   Lenton, T. M. et al.: Climate Tipping Points - Too Risky to Bet Against, Nature, 575(7784), 592-595, 2019.

108   Armstrong McKay, D. I. et al.: Exceeding 1.5°C Global Warming Could Trigger Multiple Climate Tipping Points, Science, 377(6611), 2022.

109   Lenton, T. M.: How We Can Trigger a Cascade of Positive Tipping Points to Avoid Climate Catastrophe, The Conversation, 2020.

110   "The Lancet Child & Adolescent Health: Greta Thunberg and the "School Strike for Climate" Movement, 3(6):361, 2019.

111   Centola, D. et al.: Experimental Evidence for Tipping Points in Social Convention, Science, 360(6393):1116-1119, 2018.

112   UK Department for Energy Security and Net Zero: Energy Trends - UK Electricity, 2024.

113 Koonin, Steven E.: Unsettled, Shortform Book Summary, 2024.

114 Lomborg, Bjorn: False Alarm, Hachette Book Group, 2020.

115 Harper, Ian: An Environmentalist Challenges Alarmist Environmentalism - A Review of Michael Shellenberger's "Apocalypse Never", ISCAST, 2020.

116 Shellenberger, Michael: Apocalypse Never, Robert Bryce Publishing, 2020.

117 ResearchGate: The Current Status and Future Potential of Fusion Energy, 2025. (Accessed August 13, 2025.)

118 IEA: Carbon Capture, Utilization, and Storage - Technologies and Costs in the U.S. Context, 2025. (Accessed August 13, 2025.)

119 IEA: Is Carbon Capture Too Expensive? Analysis, 2025. (Accessed August 13, 2025.)

120 IEA: Carbon Capture, Utilisation and Storage - Energy System, 2025. (Accessed August 13, 2025.)

121 Hulme, Mike: Why We Disagree About Climate Change, The Carbon Year Book, 2025.

멸종은 없다

초판 1쇄 발행 2025년 11월 19일

지은이 김백민
브랜드 경이로움
출판 총괄 안대현
기획 이제호
책임편집 전다은
편집 김효주, 심보경, 정은솔, 이수빈
마케팅 김윤성
표지디자인 말리북
본문디자인 김혜림

발행인 김의현
발행처 (주)사이다경제
출판등록 제2021-000224호(2021년 7월 8일)
주소 서울특별시 강남구 테헤란로33길 13-3, 7층(역삼동)
홈페이지 cidermics.com
이메일 gyeongiloumbooks@gmail.com(출간 문의)
전화 02-2088-1804 **팩스** 02-2088-5813
종이 다올페이퍼 **인쇄** 재영피앤비
ISBN 979-11-94508-63-2 (03300)